CB004543

Já há algum tempo, a ideia de que o cristão deve enxergar o mundo e a vida pelos olhos da fé tem se tornado comum em nosso país. Apesar disso, tentativas de aplicação como a desse livro ainda são bastante incomuns. E as que existem nem sempre são produzidas por profissionais competentes em sua área de atuação, profissionais que procuram levar a sério a produção teológica, como acontece neste caso. Eu me alegro pelo esforço de Kaiky e recomendo a leitura desse texto. E oro para que ele sirva de inspiração para irmãos de outras áreas de atuação.

Filipe Fontes, pastor da Igreja Presbiteriana do Brasil e professor do Centro Presbiteriano de Pós-graduação Andrew Jumper

Felizmente, há anos tem crescido em nosso país o ensino sobre cosmovisão cristã e sua importância para o cristão e para a igreja. Mas, finalmente, estamos vendo frutos da aplicação dessas verdades em áreas específicas como é aqui o caso — a área do Marketing. Para mim, que sou cristã e trabalho nesse ramo com criação de conteúdo, marketing e venda de cursos na internet, sempre senti a necessidade de desenvolver um diálogo e uma prática verdadeiramente cristã nos meus empreendimentos. *Click sem bait* é uma verdadeira benção para pessoas como eu e sei que será uma benção para muitos outros que estão nesse ramo.

Me orgulho ao falar dessa obra — escrita por um brasileiro, jovem, com teologia robusta e prática no mercado. Minha oração é para que esse livro seja a semente de um movimento de empreendedores, comunicadores, designers, estrategistas, marketeiros (e muitos outros) genuinamente cristãos que vão impactar a sociedade como sal e luz em um mundo de trevas.

Carol Bazzo, formada em jornalismo, mestre em Teologia Histórica, professora de História da Igreja e diretora da Escola Convergência

Nas várias atividades que fazemos, deveríamos perceber que uma ética do marketing está envolvida. Kaiky sempre abriu meus olhos para isso. Agora, temos a oportunidade de ver um trabalho de anos concluído e organizado para que todos tenham fácil acesso. Gosto de resumir um bom trabalho com três aspectos: intensidade teológica, intencionalidade ética e inteligência cultural; aspectos presentes nesse livro que ensinará ao longo dos anos sobre o comportamento humano e nossas realizações criacionais. Eu — como músico, criador, pastor, teólogo — tenho muito a aprender e a crescer com esse livro e espero que você também. Não é apenas mais uma isca falsa, é algo sólido que aponta um caminho de reconciliação. Boa leitura!

Guilherme Iamarino, fundador do Projeto Sola, Diretor de Criação e Arte da Agência Presbiteriana de Evangelização e Comunicação (APECOM) e pastor presbiteriano

No diálogo com a cultura, temos o desafio de não sermos seduzidos por ela no caminho. Nem sempre temos um final feliz nesse assunto. Creio que parte do que determina o sucesso ou fracasso desse esforço é onde está o coração de quem propõe o diálogo. Me alegro por caminhar com o Kaiky há alguns anos e poder desfrutar do seu coração. Há profundidade e inteligência. Há simplicidade e humildade. Sabemos que essas virtudes não são possíveis por esforço ou mérito, mas por causa da bondade, misericórdia e favor de Deus. Me alegro por ver uma esfera tão importante da vida comum sendo redimida.

Você tem em mãos um conteúdo inédito em sua proposta. Kaiky Fernandez foi muito feliz com a sequência na construção do raciocínio e argumento sobre temas como vocação, dilemas éticos, resquícios da Queda, contribuições cristãs e a proposta de um caminho redentivo. Nas palavras do próprio autor, "desfrute do processo". Embarque nessa jornada e surpreenda-se, da Introdução à Conclusão.

Rafael Pijama, formado em marketing, coordenador do
Movimento Mosaico e pastor da Igreja Sal da Terra 90

Em um momento cultural em que a divulgação e a promoção de serviços e produtos de todos os tipos — incluindo variados ministérios cristãos —tornam-se cada vez mais incorporados a mídias sociais e ambientes conectados, a reflexão séria e teologicamente informada sobre os novos limites e possibilidades do marketing e da comunicação se torna cada vez mais necessária. E é isso o que Kaiky Fernandez nos entrega nesta obra! Partindo de uma reflexão teológica sólida e de uma prática bem-sucedida na área, *Click sem bait* é inovador e fundante a todos os que querem compreender e atuar neste sempre renovado contexto do marketing e da comunicação; dimensões da vida social nas quais o senhorio de Cristo deve ser urgentemente reconhecido!

Rodolfo Amorim, cofundador de L'Abri Brasil e cooperador da
ABC² (Associação Brasileira de Cristãos na Ciência)

KAIKY FERNANDEZ

CLICK sem BAIT

MARKETING E COMUNICAÇÃO A PARTIR DA ÉTICA CRISTÃ

THOMAS NELSON
BRASIL

Invisible College.

Copyright © 2023 Kaiky Fernandez

As citações bíblicas são da Almeida Século 21, a menos que seja especificada outra versão da Bíblia Sagrada.

Os pontos de vista desta obra são de responsabilidade de seus autores e colaboradores diretos, não refletindo necessariamente a posição da Thomas Nelson Brasil, da Pilgrim ou de suas equipes editoriais.

PUBLISHER	Samuel Coto
COORDENADOR	André Lodos
EDITOR	Guilherme H. Lorenzetti
ESTAGIÁRIA EDITORIAL	Bruna Cavalieri
PREPARAÇÃO	Clarissa Melo e Gisele Romão
REVISÃO	Jean Xavier
PROJETO GRÁFICO E DIAGRAMAÇÃO	Caio Cardoso
CAPA	Kaiky Fernandez

Dados Internacionais de Catalogação na Publicação (CIP)

F347c   Fernandez, Kaiky

1.ed   Click sem bait : marketing e comunicação a partir da ética cristã / Kaiky Fernandez. – 1.ed. – Rio de Janeiro : Thomas Nelson Brasil, 2023.

              208 p.; 13,5 x 20,8 cm.

              Bibliografia.
              ISBN 978-65-56896-57-1

              1. Comunicação. 2. Ética – Aspectos religiosos – Cristianismo. 3. Fé(Cristianismo). 4. Marketing. I. Título.

07-2023/184   CDD 261

Índice para catálogo sistemático:
1. Comunicação e marketing : Aspectos religiosos : Cristianismo 261
Aline Graziele Benitez – Bibliotecária - CRB-1/3129

Thomas Nelson Brasil é uma marca licenciada à Vida Melhor Editora LTDA.
Todos os direitos reservados à Vida Melhor Editora LTDA.
Rua da Quitanda, 86, sala 218 – Centro
Rio de Janeiro – RJ – CEP 20091-005
Tel.: (21) 3175-1030
www.thomasnelson.com.br

Sumário

Agradecimentos, 9

Prefácio | Por Pedro Dulci, 11

Introdução | Este não é um livro de técnicas de marketing!, 17

Primeira parte
ANTIGAS QUESTÕES, NOVOS CENÁRIOS

Capítulo 1 | O mandato cultural, 23

Capítulo 2 | Vocação, trabalho e mordomia, 29

Capítulo 3 | Um novo contexto: a era da conectividade, 35

Capítulo 4 | Tecnologia e as mídias sociais: uma breve reflexão, 43

Segunda parte
NOSSA NECESSIDADE ÉTICA

Capítulo 5 | Prelúdio: o desenvolvimento e a popularização do marketing, 51

Capítulo 6 | Para começo de conversa: por que uma ética cristã do marketing?, 57

Capítulo 7 | Um passeio lá fora: o esboço de uma ética não cristã do marketing, 61

Capítulo 8 | Delimitando as fronteiras: três grandes escolas de ética não cristãs, 67

Capítulo 9 | A ética cristã: uma compreensão para a vida, 71

Terceira parte
AS DISTORÇÕES DA QUEDA

Capítulo 10 | Queda: a corrupção de toda a vida, 83

Capítulo 11 | Pressão, coerção e manipulação, 89

Capítulo 12 | Gatilhos mentais, efeitos colaterais e spam, 95

Capítulo 13 | Consumismo, 101

Capítulo 14 | Desvio vocacional: a comoditização das igrejas, 107

Capítulo 15 | O problema do dualismo: emocional x racional, 115

Quarta parte
UMA ABORDAGEM CRISTÃ: A BUSCA POR COERÊNCIA

Capítulo 16 | A integralidade do ser humano, 125

Capítulo 17 | Nenhum outro deus: 1º ao 3º mandamentos, 133

Capítulo 18 | O descanso e o abuso da mídia: 4º e 6º mandamentos, 141

Capítulo 19 | Não furtarás... nem no marketing: 8º mandamento, 149

Capítulo 20 | A comunicação como atributo da imagem de Deus:
9º mandamento, 155

Capítulo 21 | Cobiça e a nossa responsabilidade: 10º mandamento, 161

Quinta parte
UM CAMINHO REDENTIVO

Capítulo 22 | O evangelho como antídoto cultural, 169

Capítulo 23 | O marketing como uma forma de serviço ao outro, 173

Capítulo 24 | O marketing como formador cultural, 179

Capítulo 25 | O marketing na perspectiva de Cristo, 185

Conclusão | Um longo caminho a ser trilhado, 191

Referências bibliográficas, 193

Sobre o autor, 199

✳ AGRADECIMENTOS ✳

Agradeço ao Deus Trino do pacto. Agradeço de verdade, não só por mero costume. Tudo que tenho e sou pertence a Cristo, e é graças à sua obra. Cada letra escrita daqui em diante teve como objetivo último engrandecer seu nome, apesar de meus defeitos e minhas limitações.

Agradeço à Bruna Rodrigues, minha amada esposa, que foi paciente ao longo de todo o processo de pesquisa e escrita, me incentivou e exortou quando era necessário.

Agradeço ao Pedro Dulci, meu amigo e mentor, que foi fundamental na minha formação teológica e no desenvolvimento desta obra.

Agradeço a Danilo Neves, Douglas Quintiliano, João Uliana e Vinicius Silva, que deram importantes contribuições para o texto final.

Agradeço a Bruno William, Elis Amâncio, Gabê Almeida, Isabela Lefol, Jaqueline Lima, Karine do Prado, Quenani Leal, Rodrigo Negreiros e Susana Martins, que foram essenciais para a discussão e a reflexão de muitas questões tratadas aqui.

Agradeço ao Carlos Henrique, meu pastor, que me ensinou a olhar a criação de Deus com mais sensibilidade.

Agradeço aos irmãos e às irmãs da Igreja Cristã Farol Esperança, em Goiânia, onde eu sirvo, que ajudam a formar em mim aquilo que é e está em Cristo, em especial Aurélio Borges, Frederico Dietz e Rodrigo Carneiro.

Agradeço à equipe e aos colegas das turmas do Invisible College, que muito me ensinam e inspiram a ter uma fé viva.

Agradeço ao Cristiano Barbosa e à Gilmê Fernandes, meus pais, que sempre se empenharam para me dar as melhores condições possíveis. Também ao Matheus Fernandes, meu querido irmão.

Agradeço aos professores que tive ao longo da minha vida, que contribuíram, de diferentes formas e em diversos momentos, para quem eu sou hoje.

Por fim, agradeço à Thomas Nelson Brasil por acreditar nesse projeto e levá-lo adiante, em especial ao editor Guilherme Lorenzetti, pela paciência e pelas orientações durante todo o processo. Que Deus seja louvado!

Por Pedro Dulci

Cada intérprete de sua própria cultura precisa, a cada nova geração, escolher os métodos e os quadros de referência que vão auxiliá-lo a entender os desenvolvimentos históricos de um povo em uma determinada época. As próprias metáforas escolhidas para ilustrar as dinâmicas da análise cultural são importantes. Particularmente, gosto muito daqueles que se valem da imagem de uma linguagem para falar dos códigos culturais. Aprender quais são os jogos de linguagem de um grupo social é reconhecer que existem nuances visíveis e invisíveis numa cidade, em um bairro e até mesmo em uma instituição, que tornará seus membros receptivos ou avessos a determinada mensagem — como o anúncio da fé cristã, por exemplo.[1]

Além dos próprios intérpretes de uma cultura, são os criadores de cultura que têm sobre seus ombros a maior responsabilidade de serem perspicazes em descobrir não apenas o vocabulário em vigor numa comunidade, mas, principalmente, os usos que são feitos desse vocabulário. Dessa forma, acredito que faz muito sentido a imagem de aprender não apenas o idioma da cultura em que se está, mas, fundamentalmente, as formas de pensamento daquela comunidade. O sucesso de uma comunicação efetiva está além do mero conhecimento do vocabulário de uma cultura. É necessário empenhar-se no domínio de suas formas de pensamento, de seus imaginários e pressupostos. Cada nova geração de intérpretes e criadores de cultura se depara exatamente com este dilema: aprender as formas de pensamento de sua época.[2]

Por isso, não é tarefa fácil identificar com quem e onde vamos aprender sobre esses usos de códigos culturais. Apesar de a cultura ser "o ar que respiramos", ou seja, o meio ambiente mais orgânico onde acontece tudo referente à experiência humana em determinada época, seus centros de irradiações — bem como seus principais protagonistas — não são tão fáceis de localizar. Nem sempre o estopim para uma grande mudança cultural (e o seu significado a ser decodificado) acontece a partir das grandes elites culturais. Na verdade, o caminho é inverso, pois tais elites precisam proteger e manter

---

1 cf. STETZER, E.; PUTMAN, D. *Desvendando o código missional* (São Paulo: Vida Nova, 2018), p. 22.
2 cf. SCHAEFFER, F. A. *A morte da razão* (Viçosa: Ultimato, 2017), p. 11.

12 *Click sem bait*

o seu status cultural adquirido outrora. Por outro lado, também não devemos ser ingênuos a ponto de procurar as nascentes de um afluente cultural nas margens mais distantes de uma comunidade, onde apenas o consumo dos produtos mais populares de uma cultura é observado. Os novos usos da linguagem, bem como os artefatos culturais que deles advêm, devem ser procurados dentre aqueles que podem ser reconhecidos como uma categoria curiosa de "elites afastadas".[3] Estes se diferenciam dos dois grupos mencionados anteriormente porque o protagonismo dessas elites está justamente na sua maior capacidade de arriscar seu próprio status cultural dando lugar ao novo. Trata-se de criadores culturais em ascensão ou instituições sociais menores e menos prestigiadas, que conseguem correr riscos maiores de gerar a mudança e dar lugar a uma nova tendência. Nesses ambientes, a cultura muda muito mais rápido, uma vez que as relações pessoais ou as instituições sociais não são "grandes transatlânticos" difíceis de serem manobrados para seguir em uma nova direção. Uma empresa menor, uma escola com poucos anos de funcionamento, uma família em seu início têm um potencial de mudança muito maior do que instituições com tradição para zelar. É possível mudar a cultura desses espaços favorecendo o surgimento do novo — e é nesse processo que assistimos a novos códigos culturais serem estabelecidos, ditando o tom da música que será tocada nos próximos anos em várias comunidades.

Apesar dessas diretrizes básicas sobre o processo de mudança, estabelecimento e interpretação das dinâmicas culturais, nunca podemos perder de vista que se trata de uma lógica muito rica e complexa — envolvendo pessoas de muitos aspectos da vida que não se relacionam de maneira tão didática como descrito. Lidar com esse âmbito de interpretação da cultura é lidar com a "circulação de capital simbólico" de uma comunidade. À semelhança da imagem que foi escolhida para definir a metáfora, muitas vezes esse "capital" simbólico é acumulado por um grupo muito pequeno de indivíduos e instituições, mas impacta um número muito grande de pessoas. Um grupo social pode ser majoritário em uma sociedade, mas, caso ele tenha pouco capital simbólico à sua disposição, será, incontornavelmente, conduzido por aqueles que têm uma voz que é nitidamente ouvida pela sua cultura.[4]

Tudo isso nos encaminha para perguntas fundamentais que este livro ajudará a responder: Qual é o jogo de linguagem mais amplamente articulado em nossa cultura contemporânea? Quais códigos culturais determinam o dia a dia de nossas práticas históricas e nossa experiência originária? Existe algum tipo

---

3   cf. HUNTER, J. D. *To Change the World: The Irony, Tragedy, and Possibility of Christianity in the Late Modern World* (Oxford: Oxford University Press, 2010), p. 42-3.

4   Ibid., p. 25.

de capital simbólico dessa natureza em operação no Ocidente? Sem correr o risco de ser reducionista e deixar de reconhecer que existem muitos jogos de linguagem disputando seus participantes no contemporâneo, creio que há um candidato que pretende ser uma espécie de lógica omnipresente em nossos dias. Refiro-me ao marketing.

Apesar de ser uma daquelas palavras que quase todo mundo reconhece imediatamente, o marketing diz respeito a uma prática complexa que pouquíssimos são capazes de descrever com precisão. Isso acontece, justamente, porque o marketing não é simplesmente sobre vendas, mercado ou propaganda. Antes, diz respeito a toda a rede social e moral de produção de visibilidade de bens de significado que, no mundo contemporâneo, transformou-se numa linguagem com suas próprias regras e seus melhores comunicadores.[5] Não é equivocado dizer que operamos em uma espécie de "economia da atenção", na qual o principal ativo é a capacidade que alguém tem de sinalizar o que tem valor e urgência para o maior número de pessoas — e, obviamente, apresentar soluções para essas dores.[6] O impacto desse modo de operação é tão grande que os profissionais do marketing foram reduzidos a um conjunto de técnicas e estratégias que devem ser dominadas e utilizadas nos mais diferentes campos da existência. Não interessa se o seu objetivo é fazer visível um novo restaurante, uma igreja recém-plantada ou até mesmo sua própria autoridade pessoal em determinado assunto. Na economia da atenção, tudo que sempre foi considerado mais sólido se desmancha no ar! Não existe nenhuma instância sagrada que não possa ser profanada e, então, as pessoas de toda uma cultura são forçadas a encarar com serenidade o emprego de "gatilhos mentais", "estratégias de autoridade" e "marketing de influência" para cada novo passo que precisam dar na vida — que é modelado e reduzido à lógica de um "lançamento de produto".

Justamente por tudo isso que acredito que "esse tipo" de marketing tornou-se uma espécie de código cultural — os profissionais da área me perdoem por repetir aqui alguns dos clichês mais odiados por quem leva o design, a comunicação, o marketing e a propaganda a sério. Não obstante, esses mesmos profissionais concordam que estamos vivendo em uma era em que o tipo de conhecimento desenvolvido para a identificação e a satisfação das necessidades do mercado foi transformado em caminhos para tornarem os consumidores pessoais mais felizes, menos atormentadas pela culpa e mais satisfeitas

---

5 cf. PONDÉ L. F. *Marketing existencial: a produção de bens de significado no mundo contemporâneo* (São Paulo: Três Estrelas, 2017), p. 36.

6 cf. WILLIAMS, J. *Liberdade e resistência na economia da atenção: como evitar que as tecnologias digitais nos distraiam dos nossos verdadeiros propósitos* (São Paulo: Arquipélago Editorial, 2021), p. 15.

em suas necessidades recentemente criadas. Por meio de um processo silencioso e muito efetivo, a produção e difusão de bens em nossa época foi se transformando em meios privilegiados de satisfazer os antigos anseios existenciais dos indivíduos. Deixamos simplesmente de adquirir artefatos destinados a saciar necessidades básicas ou cotidianas para termos nossa atenção disputada por "bens de significado" — que têm seu valor não apenas em sua materialidade e concretude, mas justamente naquilo que é intangível e capaz de aplacar as angústias mais atávicas.

Nesse processo, não é necessário dizer que as virtudes morais deram lugar a todo tipo de escândalo e vícios de comunicação e vendas. A catástrofe de ordem moral que permeia muitos "praticantes" (em diferença aos "profissionais") do marketing e da comunicação pode ser testemunhada na rápida associação que algumas pessoas fazem entre engano e mentira com essas duas áreas do saber. Se quisermos manter a coerência com a metáfora escolhida no começo desse prefácio, diria que os habitantes do contemporâneo ainda não são fluentes nesse código cultural e, muitas vezes, acabam entrando em um jogo de linguagem com regras bastante viciadas. No afã de mostrar a urgência de uma dor muito compartilhada — e o valor de uma resposta envelopada em forma de produto —, muitos pecados são cometidos. A escassez de oportunidade é anunciada de maneira charlatã, o consumo por impulso é estimulado, a sensação de exclusividade é utilizada como meio de propagação do desejo de comprar, e assim por diante. Muitos de nós conhecemos como isso se dá na prática:

- é o anúncio das últimas unidades/vagas quando, na verdade, não há limite real;
- o aviso de oportunidade única para se matricular em um curso quando, na verdade, as peças publicitárias da reabertura das inscrições já estão prontas;
- são os influenciadores digitais sendo muito bem remunerados para promover produtos ou serviços de qualidade duvidosa ao seu público.

É precisamente nesta altura que a relevância da obra que o leitor tem em mãos pode ser compreendida — sem nenhum tipo de propaganda enganosa! Kaiky Fernandez não apenas apresenta as melhores discussões contemporâneas sobre marketing e comunicação, como também nos oferece a contribuição distintamente cristã para cada um desses dilemas mencionados anteriormente. Por meio de uma pesquisa sem equivalentes dentro da cristandade, Kaiky nos torna conscientes da incontornável orientação moral na qual todo profissional de marketing está envolvido. Ainda que as dimensões que envolvem a decisão ética possam parecem abstratas e subjetivas para muitos, o livro nos oferece um quadro de referência teológico que é profícuo em nos fornecer parâmetros para práticas mais justas em um campo tão marcado pelo

Prefácio **15**

engano. Para muito além da apresentação de estratégias evangélicas para o lucro, o sucesso e o impacto na cultura, Kaiky nos conduz em uma argumentação teológica que tem condições de renovar as condições morais de designers, jornalistas, comunicadores e profissionais do marketing de maneira geral, encorajando-os a adotar práticas éticas biblicamente orientadas.

Diferentemente do que acontece com muitos prefaciadores, tive a oportunidade de ler e discutir com o autor cada página do livro que você tem em mãos. Sei que várias ideias presentes aqui foram debatidas previamente em cursos que Kaiky ministrou no Invisible College sobre o mesmo tema, bem como nos grupos de discussão de que ele faz parte com outros profissionais na área. Tudo isso me faz ter certeza de que a renovação na construção de confiança e reputação para o marketing e seus profissionais passa, necessariamente, pela robustez de nossa teologia. Não é necessário dizer que a ética desempenha um papel fundamental na construção da confiança dos consumidores e na reputação de uma empresa ou marca. Entretanto, os paradigmas éticos não são estabelecidos de qualquer forma. Na verdade, para um cristão eles são dados, são revelados e encontram ressonância em toda a realidade criada. Nas próximas páginas, Kaiky Fernandez é muito bem-sucedido em nos ajudar a perceber esses parâmetros e a aplicá-los com honestidade, transparência e integridade em suas criações profissionais. Trata-se de uma obra que precisa se tornar leitura obrigatória não só para quem atua na área, mas para todos aqueles que buscam entender melhor como o marketing se insere nas regras dos jogos culturais. Para cada uma de vocês, eu desejo uma boa leitura!

> **Pedro Dulci** é filósofo e pastor presbiteriano, casado com Carolinne e pai do Benjamim e da Anna. Tem doutorado em Filosofia pela UFG com período de pesquisa na Universidade Livre de Amsterdã, na Holanda. É cofundador e coordenador pedagógico do Invisible College, além de pastor da Igreja Presbiteriana Bereia, em Goiânia. Se interessa por filosofia contemporânea, teologia bíblica e ministério pastoral.

✳ *INTRODUÇÃO* ✳

Este não é um livro de técnicas de marketing!

> *E pela fé caminho até avistar o autor da minha fé*
> *E o que eu posso oferecer para honrar quem ele é?*
>
> **"Oração", de *Os Arrais***

Nestas páginas, você não aprenderá a elaborar um planejamento estratégico ou a fazer análises de mercado. Não receberá dicas sobre como engajar o público no seu perfil ou alcançar muitas visualizações nas suas mídias sociais. Tampouco terá contato com as técnicas de escrita publicitária ou diretrizes para títulos de e-mails de vendas. "Então sobre o que é este livro?", talvez você se pergunte.

Quando terminei minha graduação em Design Gráfico, surgiu a oportunidade quase irrecusável de me especializar em Gestão de Marketing e Inteligência Digital em uma das principais escolas de negócios e criatividade do país. Nunca passou pela minha cabeça estudar marketing — parecia algo distante de design — mas aproveitei a chance.

Pouco tempo depois, deparei-me com mais uma situação inesperada: colaborar na criação e na gestão estratégica de uma instituição de ensino de Teologia e Filosofia, o Invisible College.[1] Não poderia imaginar que coordenaria um negócio que parecia estar muito além das minhas capacidades. Contudo, mais uma vez, aceitei, pois poderia aplicar o que Deus me deu a oportunidade de aprender na especialização.

---

1 O Invisible College é um instituto de ensino e pesquisa 100% digital, oferecendo um ecossistema de estudos teológicos e filosóficos. Para saber mais, acesse: https://theinvisiblecollege.com.br/.

Click sem bait

Enfim, comecei minha carreira no universo do marketing pela via do estudo e do trabalho. Assim, tanto na prática quanto na teoria, saí em busca das principais referências no assunto, do que elas falavam e quem aplicava o marketing na educação online. Entrei em crise ao compreender que a maioria delas reproduzia o discurso "pense em você mesmo, venda para enriquecer", em vez de "pense no próximo, venda para servi-lo". Não entendia como seria possível conciliar a fé cristã com essa mentalidade individualista. Comecei a questionar se os cristãos estavam caindo em práticas ruins e pecaminosas, e como a ética bíblica poderia nos ajudar a transformar o marketing em algo legítimo, o que gerou novas crises.

Há pessoas que tratam da relação entre fé, marketing e comunicação. A amiga Elis Amâncio[2] atua na área há anos, capacitando igrejas e ministérios a lidarem com o contexto digital. A ChurchCOM,[3] criada por Rodrigo Motta, é uma agência de comunicação especializada em atender especificamente igrejas e iniciativas cristãs. Por sua vez, Ramon Nascimento, em 2021, escreveu *O que a Bíblia tem a ver com as redes sociais?*[4], para discutir a cultura digital à luz da fé cristã. Alberto Rodrigues e Guilherme Reiss lançaram, em 2022, o livreto *Marketing não é pecado*,[5] com princípios de marketing para cristãos. Além disso, fora do Brasil, dentre outros estudiosos, George Barna publicou, em 1988, a obra *Marketing the church*,[6] aplicando o marketing para o crescimento das igrejas locais.

Todas essas iniciativas, cada qual à sua maneira, são louváveis e trouxeram contribuições valiosas. No entanto, faltava algo: um aprofundamento da questão ética. Era preciso uma abordagem que ajudasse estudantes ou profissionais a lidar com as mais diversas situações morais que enfrentariam no exercício de suas profissões.

Comecei a pesquisar sobre o assunto, parti das Escrituras e tentei colocar a teologia e a filosofia reformacional[7] em diálogo. Foram meses de leituras e conversas com pessoas da área. Dada a abrangência do marketing, li algumas

---

2   Para saber mais, acesse: https://elisamancio.com.br.

3   Para saber mais, acesse: https://www.churchcom.com.br/.

4   Para saber mais, acesse: https://amzn.to/3XApGoE.

5   Para saber mais, acesse: https://amzn.to/2VSwlfT.

6   Para saber mais, acesse: https://amzn.to/3R2MJG9.

7   A filosofia reformacional é um movimento filosófico iniciado na Holanda, no século XX, tendo Herman Dooyeweerd como seu principal expoente, o qual buscou uma nova crítica do pensamento teórico, contrapondo-se à proposta de que a razão é autônoma e absoluta. Sua abordagem reconhece que todo pensamento teórico se fundamenta em algo anterior, aos compromissos últimos do coração do indivíduo, que são sempre de cunho religioso. Para saber mais, leia: KALSBEEK, L. *Contornos da filosofia cristã*, trad. Rodolfo Amorim de Souza (São Paulo: Cultura Cristã, 2015).

coisas pontuais de outros campos do saber, como psicologia, economia e antropologia. Enfim, fui incentivado pelo amigo Pedro Dulci a transformar essa investigação num curso para o Invisible College, lançado em 2021 com o título "*Call to action*: a ética cristã aplicada no marketing e na comunicação".[8]

E é isso que você encontrará neste livro, graças ao desafio proposto pela Thomas Nelson Brasil. Apesar de quase dois anos trabalhando para refinar e ajustar o texto até que se tornasse o resultado que você tem mãos, saiba que não tenho a pretensão de oferecer uma obra definitiva sobre o assunto. Seria impossível. Minha intenção é contribuir para a discussão. Inclusive, este conteúdo está aberto a revisões tanto minhas quanto de quem o ler. É assim que se desenvolve uma área — e não seria diferente para a relação entre o marketing e a fé.

Um *click* sem *bait*?

Antes de começar, é preciso esclarecer ao que me refiro quando uso o termo "marketing". Ao longo do livro, tratarei melhor dessa questão, mas, por ora, gostaria de pontuar que o marketing não lida apenas com a divulgação de um produto ou serviço, como se costuma pensar. Também está relacionado a diversas etapas, desde a precificação até a logística de distribuição. Portanto, é uma área abrangente, que passa pelos mais diversos estágios, desde a concepção de algo até o pós-venda. Daqui em diante, sempre que me referir a ele, será nesse sentido amplo.

Além disso, como você verá mais adiante, o marketing não é uniforme. Há diferentes abordagens, cada qual com suas especificidades. O mais adequado seria dizer que existem "marketings", no plural. Mesmo que eu use o termo no singular ao longo de todo o livro, tenha em mente essa diversidade.

Também é importante dizer que, embora a ênfase esteja no marketing, as discussões apresentadas aqui não se restringem à área. Meu desejo é colaborar com outros profissionais, como designers, gestores, pastores, líderes, produtores de conteúdo digital, membros de igrejas que servem em mídia e comunicação e qualquer um que se interesse pelo assunto.

Por fim, saiba que este não é um manual de regras, com o que pode ou não ser feito. Minha missão é ajudá-lo a discernir apostas nocivas das verdadeiras oportunidades. Em outras palavras, a buscar os cliques sem cair nos *baits*.[9]

---

8   O curso Call To Action está disponível atualmente no Loop, o programa de formação personalizada do Invisible College: https://theinvisiblecollege.com.br/loop.

9   *Bait*, em tradução literal, significa "isca". *Clickbait* é uma prática que busca gerar o interesse do público por um determinado conteúdo, produto ou serviço por meio de mensagens sensacionalistas e enganosas.

O percurso

Este livro está dividido em cinco grandes partes, estruturadas de forma progressiva e, espero, didática. Você partirá de questões teológicas essenciais até chegar a uma proposta de aplicação do marketing em sua relação com a fé cristã.

A primeira, "Antigas questões, novo cenário", oferece os fundamentos do que virá adiante. Talvez você fique com a impressão de que essa parte não tem nenhuma relação com o marketing, mas seria impossível, ou ao menos insuficiente, tratar de questões complexas sem ela. Em suas páginas, você aprenderá por que o trabalho é necessário, como desenvolver sua vocação, como lidar com o lucro e como relacionar a fé com a tecnologia e as mídias digitais.

Já na segunda parte, "Nossa necessidade ética", aprofundaremos a discussão ao entrar na seara da ética, investigando por que ela importa, compreendendo quais são as alternativas não cristãs, apresentando uma proposta cristã e suas contribuições.

A terceira, "As distorções da Queda", mostrará alguns dos principais problemas e dilemas envolvendo o marketing, desde as crises pessoais de profissionais da área até as frustrações por parte do público. Discutiremos se gatilhos mentais são legítimos, a diferença entre manipulação e persuasão, quando o marketing se torna enganoso e como isso afeta as igrejas locais.

Por sua vez, a quarta parte, "Uma abordagem cristã: a busca por coerência", responderá as questões levantadas anteriormente por meio dos Dez Mandamentos. Mostrarei como o reconhecimento da Lei de Deus é fundamental para a nossa atuação. Veremos como a idolatria se manifesta no marketing, o que a guarda do sábado tem a ver com mídias sociais, quando estamos quebrando a lei de não furtar e como expressar a imagem de Deus em nós por meio da comunicação.

Na quinta e última parte, "Um caminho redentivo", analisaremos o marketing à luz do evangelho, em serviço ao próximo e apontando para a redenção em Cristo. Você descobrirá não só como o marketing pode moldar a cultura e contribuir com o bem comum, podemos aprender na nossa prática profissional com os exemplos de Cristo.

Que Deus o abençoe durante a leitura! Desejo, de coração, que ela seja frutífera para a sua vida.

PRIMEIRA PARTE

ANTIGAS QUESTÕES, novo cenário

✳ *CAPÍTULO 1* ✳

O mandato cultural

> *Afagar a terra*
> *Conhecer os desejos da terra*
> *Cio da terra, a propícia estação*
> *E fecundar o chão*
>
> **"O cio da Terra", de Milton Nascimento, Chico Buarque e Francisco Buarque**

Durante a Criação, antes que o mundo fosse corrompido pelo pecado, Deus dá algumas ordens ao homem e à mulher. De acordo com Gênesis 1:26-28:

> E disse Deus: Façamos o homem à nossa imagem, conforme nossa semelhança; domine ele sobre os peixes do mar, sobre as aves do céu, sobre o gado, sobre os animais selvagens e sobre todo animal rastejante que se arrasta sobre a terra. E Deus criou o homem à sua imagem; à imagem de Deus o criou; homem e mulher os criou. Então Deus os abençoou e lhes disse: Frutificai e multiplicai-vos; enchei a terra e sujeitai-a; dominai sobre os peixes do mar, sobre as aves do céu e sobre todos os animais que rastejam sobre a terra.

É a partir desses três versículos que o filósofo e teólogo John Frame sistematiza sete ordenanças de Deus à humanidade: procriar, encher e subjugar a terra, dominar as criaturas, trabalhar, descansar e casar.[1] Por sua vez, elas podem ser divididas em três grandes grupos que sinalizam, de forma geral, as relações que nós, criaturas, cultivaremos ao longo da vida.

O primeiro deles é a nossa relação com Deus, o mandato espiritual. Após criar o ser humano, o texto bíblico diz que o Senhor o abençoou antes de dar-lhes qualquer instrução. Essa bênção divina implica uma relação pactual, embora não

---

1 FRAME, John. *A doutrina da vida cristã* (São Paulo: Cultura Cristã, 2013), p. 207.

haja uma ordem explícita. Assim, podemos presumir que, antes da Queda, havia um relacionamento próximo e direto entre o Criador e o ser humano.

O segundo diz respeito à nossa relação com o outro, com os nossos semelhantes, que chamaremos de mandato relacional. São as nossas relações interpessoais, que aparecem nas ordenanças de casar e ter filhos, e a do trabalho, uma vez que este organiza relacionamentos e depende deles para que aconteça.

O terceiro é a relação do ser humano com o restante da criação, o mandato cultural. Esse é o mais importante para os propósitos deste livro e diz respeito a encher a terra, subjugá-la e dominar os animais. Em resumo, expressa o trabalho em si e ao desenvolvimento cultural.

Essas ordenanças formam a lei básica e primária da nossa existência. Sem elas, não teríamos orientações suficientes sobre como lidar com o outro e com o mundo. E, ao compreendê-las, temos nossa percepção e atuação calibradas segundo o que Deus quer de nós.

Contudo, para apreender sua importância e aplicabilidade em nossa vida, temos que entender, como ensina o teólogo Albert Wolters, a relação entre a lei e o cosmo, uma vez que a Criação vai para além da natureza e dos seres humanos; para além do domínio físico, das coisas materiais. Não que isso esteja errado, porém, *toda* existência está sob a ordem de Deus, inclusive as estruturas sociais (Figura 1).[2] Assim, quando falamos em Criação, não nos referimos somente às árvores, aos animais, às montanhas e aos mares, mas também à sociedade. E, portanto, a todas as nossas relações.[3]

Toda a realidade está sob a ordem criada

Figura 1: Abrangência da criação

---

2 WOLTERS, Albert M. *A criação restaurada: a base bíblica da cosmovisão reformada* (São Paulo: Cultura Cristã, 2019), p. 34.

3 Ibid., p. 34

O mandato cultural **25**

Mais ainda, para seguir os mandatos divinos, não basta nos atermos aos assuntos que são tratados diretamente nas Escrituras, pois elas não falam explicitamente sobre todas as áreas da vida; por exemplo, não abordam o marketing. Contudo, é nelas que devemos buscar a sabedoria divina sobre todos os temas. Na Bíblia, encontramos orientações e diretrizes gerais que podem ser aplicadas em diversos contextos e os princípios para tudo aquilo que precisamos saber da parte de Deus. Assim, o trabalho teológico se torna necessário, aplicando esses princípios em situações e dilemas do nosso próprio tempo.

Para isso, temos que praticar o que Wolters chama de discernimento espiritual,[4] que se dá por meio da revelação de Deus por meio das disciplinas espirituais, como a oração e a meditação na Palavra, e da atuação do Espírito Santo na nossa vida. Mesmo quando não há nenhuma lei direta, devemos partir dos princípios bíblicos e do discernimento espiritual para buscar a vontade do Senhor para o que fazemos. Como nos ensinam Michael Goheen e Craig Bartholomew,

> discernir a ordem de Deus sempre será difícil, mas existem diretrizes. O início de tal discernimento é reconhecer que isso é a obra do Espírito de Deus e não simplesmente uma questão de avaliação racional [...] a verdadeira sabedoria humana se manifesta no reconhecimento dessa ordem e vivendo em conformidade com ela.[5]

Perceba que esse discernimento não é meramente racional, um fruto apenas de um esforço cognitivo, embora este seja importante. É uma obra do Espírito que atua em e por nós, nos oferecendo discernimento coerente com a verdade. A Palavra, como revelação normativa de Deus, delineia mandamentos abrangentes para que sejamos capazes de reconhecer de verdade o senhorio de Cristo e obedecê-lo no nosso trabalho, seja qual for; nos estudos, independentemente da área; e nas nossas relações, de todos os graus.

O discernimento espiritual, portanto, é um dom de Deus. Não é algo intrinsecamente nosso, produzido por nós mesmos, mas que vem da Trindade. É a ação do Espírito em nós que nos dá sabedoria e entendimento. Por esse motivo, as disciplinas espirituais são tão importantes.

> As pessoas devem agora prosseguir na obra do desenvolvimento: sendo frutíferas, devem enchê-la ainda mais; subjugando-a, devem formá-la ainda mais. [...] De agora em diante, o desenvolvimento da terra criada será social e cultural em natureza. Numa única palavra, a tarefa à frente é a civilização.

---

4 Ibid., p. 42

5 GOHEEN, Michael W.; BARTHOLOMEW, Craig G. *Introdução à cosmovisão cristã: vivendo na intersecção entre a visão bíblica e a contemporânea* (São Paulo: Vida Nova, 2016), p. 69.

Click **sem** *bait*

Reconhecendo a amplitude do senhorio de Cristo e a relevância da Palavra para nossa vida, Wolters chama atenção para as ordenanças de sermos frutíferos, enchermos a terra, subjugá-la e formá-la. Ele afirma nossa belíssima a tarefa do desenvolvimento sociocultural, a "civilização". Ou seja, de cumprir o mandato cultural. E a atividade cultural humana é a resposta que nós, criaturas, damos a esse mandato divino — cada qual em seu contexto.

O texto de Jeremias 29, especificamente os versículos 4 a 7, é um dos que mais me encantam. O povo de Deus estava exilado na Babilônia, em cativeiro durante setenta anos, em sofrimento, experimentando o juízo divino, quando o profeta leva uma mensagem de Deus aos exilados:

> Assim diz o Senhor dos Exércitos, o Deus de Israel, a todos os que estão no exílio, aos quais deportei de Jerusalém para a Babilônia: Edificai casas e habitai nelas; plantai pomares e comei do seu fruto. Casai-vos com mulheres e gerai filhos e filhas; também tomai esposas para vossos filhos e dai vossas filhas em casamento para que tenham filhos e filhas. Multiplicai-vos ali e não venhais a diminuir. Empenhai-vos pela prosperidade da cidade, para onde vos exilei, e orai ao Senhor em favor dela; porque a prosperidade dela será a vossa prosperidade.

Em razão de seu sofrimento, é provável que o povo escolhido esperasse uma "autorização divina" para se rebelar contra o governo opressor. John Mackay comenta que:

> Mas embora fosse legítimo criticar e fazer oposição ao mal praticado pelos babilônios, a atitude dos exilados não devia ser negativa com relação à terra pagã em que estavam. Em vez disso, eles deveriam promover seus interesses de todas as maneiras que pudessem porque, em última análise, era o Senhor quem os tinha levado para lá...[6]

Em vez de permissão para a revolta, o profeta entregou algo que remete às ordenanças criacionais de Gênesis. A mensagem desses versículos "é revolucionária em suas implicações para o modo de eles pensarem".[7] Se repararmos bem nas instruções, veremos que são semelhantes àquelas pré-Queda: plantar árvores, edificar casas, se casar, ter filhos e trabalhar pela prosperidade da cidade (mandatos relacional e cultural). O professor William Edgar coloca que "essas palavras são um eco, até uma paráfrase, do mandato cultural".[8]

---

6 MACKAY, John L. *Comentários do Antigo Testamento: Jeremias*, vol. 2 (São Paulo: Cultura Cristã, 2018), p. 173.

7 MACKAY, *Comentários do Antigo Testamento: Jeremias*, vol. 2, p. 171.

8 EDGAR, William. *Criados para criar: uma teologia bíblica da cultura* (Brasília: Monergismo, 2022), p. 242.

O mandato cultural

A teologia bíblica[9] nos auxilia a reconhecer que "a revelação não foi completada num único ato exaustivo, mas se desdobrou ao longo de uma série de atos sucessivos".[10] Isso significa que Deus não revogou suas ordenanças quando o pecado entrou no mundo; pelo contrário, ele as reafirmou mesmo em um contexto totalmente diferente. Nesse sentido, Goheen e Bartholomew dizem que:

> Desde o início, Deus tencionava que o desenvolvimento histórico da criação prosseguisse no cultivo, pelo ser humano, do rico potencial da criação de Deus por meio da atividade cultural responsável dos seres humanos. A totalidade da cultura e da sociedade, toda a civilização humana, surge em resposta a esse mandato divino.[11]

Discernindo as prioridades

Diante dessa contextualização sobre as ordenanças criacionais, John Frame categoriza as prioridades dessas ordenanças e as leis que a Palavra nos propõe.[12]

A primeira delas é a prioridade normativa, quando a própria lei coloca, de forma explícita, determinadas ordenanças como mais importantes do que outras. Um exemplo é Mateus 23:23, em que Jesus diz: "Ai de vós, escribas e fariseus, hipócritas! Porque dais o dízimo da hortelã, do endro e do cominho, e omites o que há de mais importante na Lei: a justiça, a misericórdia e a fidelidade; devíeis fazer estas coisas, sem omitir aquelas". Nesse contexto, os fariseus seguiam rigorosamente a determinação acerca do dízimo, mas não quanto a outras questões. "Jesus diz que eles deveriam continuar dando o dízimo, mas que fizessem também o mais importante da lei, ou seja, praticar a justiça, a misericórdia e a fé."[13] Desse modo, a Escritura elenca algumas questões como mais importantes do que outras.

A segunda é a prioridade situacional, que diz respeito a situações específicas, ou seja, exceções legítimas da Lei, como quando, no Evangelho de Marcos, os discípulos de Jesus colhem espigas no sábado, algo proibido na época (Marcos 2:23-28). Os fariseus questionam Cristo e ele responde com o exemplo de Davi (1Samuel 21:1-6), que pegou pães que não deveria para saciar sua fome. Jesus explica que "o sábado foi feito por causa do homem,

---

9 Ramo da teologia exegética que lida com o processo da autorrevelação de Deus registrada na Bíblia.

10 VOS, Geerhardus. *Teologia Bíblica: Antigo e Novo Testamentos* (São Paulo: Cultura Cristã, 2019), p. 16.

11 GOHEEN; BARTHOLOMEW, *Introdução à cosmovisão cristã*, p. 74.

12 FRAME, *A doutrina da vida cristã*, p. 227.

13 LOPES, Hernandes Dias. *Mateus: Jesus, o rei dos reis* (São Paulo: Hagnos, 2019), p. 609 (Kindle).

e não o homem por causa do sábado" (Marcos 2:27). Como elucida Grant R. Osborne, a ordenança do sábado "era uma dádiva de Deus e, como tal, devia servir a humanidade, e não se tornar seu senhor".[14] Então, prioridades podem ser revistas de acordo com determinadas situações. Mas atenção: as Escrituras especificam que situações são essas. Portanto, não há desculpa para agir de forma incoerente com a Palavra.

A terceira é a prioridade existencial, quando o coletivo deve se sobrepor ao individual. Essa é muito importante para nós, pois tem relação direta com nosso trabalho. Alguns mandamentos de Deus, como a "grande comissão" (Mateus 28:18-20), não podem ser realizados por indivíduos, somente pelo que John Frame chama de "corpo corporativo". A ordenança de Jesus para que fizessem discípulos de todas as nações não era algo possível de ser realizada por um indivíduo específico; é um dever da coletividade, do corpo corporativo.[15] Da mesma forma, há chamados que não são para todos, e sim para pessoas específicas que Deus comissiona e a quem distribui determinados dons. Nesse sentido, John Frame aponta que:

> minha responsabilidade individual não é subjugar a terra ou discipular todas as nações. Antes, é encontrar um papel específico, para o qual Deus me deu dons, que contribuirá de algum modo para esses resultados.[16]

O autor faz uma distinção entre nossa responsabilidade coletiva, estabelecida pelas ordenanças de Deus, e a individual, a partir dos dons que Deus dá a cada um de nós.

> É importante reconhecermos a diversidade legítima dentro do corpo de Cristo. Quem investe dez horas por semana alimentando os pobres não é necessariamente mais fiel do que a viúva que usa essas dez horas em oração — ou vice-versa. Devemos ser gratos a Deus por essa diversidade, pois é por meio dessa diversidade de contribuições que Deus realiza sua grande obra.[17]

Assim, Deus nos dá vocações, talentos e chamados específicos, para que, a partir deles, possamos desenvolver nosso trabalho e contribuir no desenvolvimento da grande narrativa cósmica em prol do corpo coletivo. A escolha que fazemos no uso dos dons recebidos precisa convergir para o cumprimento coletivo da vontade divina. Somos abençoados, cada qual à sua maneira, para ajudarmos o corpo de Cristo a seguir o caminho de Deus.

---

14 OSBORNE, Grant R. *Marcos* (São Paulo: Vida Nova, 2019), p. 50.

15 Embora o termo "corpo corporativo" pareça redundante, Frame o usa para distinguir de um corpo individual. A ideia é apontar para um corpo formado pela associação de pessoas (no caso, a Igreja).

16 FRAME, *A doutrina da vida cristã*, p. 231.

17 Ibid., p. 231.

✳ *CAPÍTULO 2* ✳

Vocação, trabalho e mordomia

Lucro
Máquina de louco
Você pra mim é lucro
Máquina de louco
"Lucro (Descomprimindo)", de BaianaSystem

Vocação sagrada

Há um tempo, ao conversar com profissionais cristãos da comunicação, do marketing e atividades afins, notei que temos algo em comum: todos nós, inclusive eu, em algum momento passamos por uma crise vocacional. Sentimos que nossos ofícios não são dignos ou não ajudam o próximo. Pensamos que, diferentemente de um médico ou professor, não produzimos nada de benéfico para a sociedade. Mas isso é um rebaixamento da área de atuação para a qual o Senhor nos vocacionou. Mais ainda, não considera que todos os ofícios são sagrados, pois todos os dons vieram de Deus e, do ponto de vista bíblico, são sagrados perante o Criador!

Essa maneira equivocada de compreender o chamado individual foi um dos motivos que nos levou, dentro do Invisible College, à tentativa de auxiliar os cristãos a superarem essa crise para exercerem suas vocações com liberdade e responsabilidade diante de Deus. Nesse sentido, Goheen e Bartholomew nos lembram de que todas as esferas da vida pertencem ao Criador: "as atividades, profissões e esferas sociais do domínio secular pertencem a Deus tanto quanto aquelas do domínio sagrado. Entretenimento, sexo, jornalismo, política, vida acadêmica e negócios são todos parte da criação 'muito boa'".[18] Assim sendo, não existe divisão entre esfera sagrada e esfera secular.

O teólogo Igor Miguel também reforça que não havia distinção entre sagrado e secular no mundo bíblico, e sim uma visão integral da realidade que é sagrada na sua completude: "Todo ato tem consequências religiosas e parte de um entendimento religioso da realidade. A vida com as pessoas era, ao mesmo tempo, a existência na presença de Deus".[19]

Por isso João Calvino acreditava que todas as profissões eram legítimas, já que todas partem de um chamado sagrado. As atividades de um sacerdote não são mais sagradas do que as de um encanador, por exemplo. Tampouco a arte de um músico que toca na igreja local vale mais do que a atividade de um pesquisador. Essa consciência é fundamental. Com relação à visão do reformador, Hall e Burton explicam:

> a visão do reformador quanto ao trabalho como inerentemente honrado pelo nosso Criador elevou todas as disciplinas e vocações legítimas à condição de chamado sagrado. [...] Calvino ensinava que qualquer área de trabalho — por exemplo, agricultura, educação, governo e contabilidade — podia ser um chamado válido da parte de Deus, sendo cada um deles tão sagrado quanto à vocação pastoral.[20]

Assim, todos temos uma condição de chamado sagrado perante nosso Deus. Esse entendimento é belo e libertador! Nosso labor diário é sagrado, o que traz grandes responsabilidades: o trabalho não é apenas uma atividade para ganhar dinheiro e pagar as contas. Ele possui um caráter santo, e está sendo realizado para e diante de Deus. Portanto, é preciso trabalhar de acordo com a ética cristã — e a ética cristã muda radicalmente nossa forma de trabalhar.[21]

No capítulo anterior, as ordenanças criacionais de Deus foram apresentadas. Uma delas era a ordenança do descanso (Gênesis 2:2-3). Apesar de ser tratada com maior especificidade adiante, é importante refletir que, se há uma ordenança para descansarmos, está pressuposto o trabalho no restante do tempo. Nesse sentido, a importância dada ao descanso reflete a importância que o Senhor também dá ao trabalho. Essa ordenança mostra-nos o trabalho não como mera atividade trivial, mas importante. Devemos nos dedicar diligente e intencionalmente a ele.

---

18 GOHEEN; BARTHOLOMEW, *Introdução à cosmovisão cristã*, p. 106.

19 CRENSHAW, 1981, apud MIGUEL, Igor. *A escola do Messias: fundamentos bíblicos-canônicos para a vida intelectual cristã* (Rio de Janeiro: Thomas Nelson Brasil, 2021), p. 123.

20 HALL, David. W.; BURTON, Matthew D. *Calvino e o comércio: a influência transformadora do calvinismo na economia de mercado* (São Paulo: Cultura Cristã, 2017), p. 40-1.

21 Para saber mais, leia: KELLER, Timothy. *Como integrar fé e trabalho: nossa profissão a serviço do reino de Deus* (São Paulo: Vida Nova, 2014).

A questão do lucro

Ao falar de trabalho, não podemos deixar o lucro de fora. Mesmo havendo diferentes posições com relação a ele — umas com maior ênfase no indivíduo; outras, no coletivo —, trata-se de um tópico obrigatório quando o assunto é marketing, comunicação e empreendedorismo. Afinal, é errado um cristão gerar lucro? E até que ponto? Como este não é um livro sobre finanças, não vou me prolongar na questão.[1] No entanto, quero apontar um caminho para lidar com esse dilema.

Há algumas ideias reproduzidas com frequência, como a de que o lucro e a riqueza são essencialmente ruins e devemos renunciar a ambos. Também há quem acredite que excedentes financeiros somente existem em razão da exploração de funcionários e colaboradores. E alguns defendem que as pessoas devem gastar seus recursos em vida, sem deixá-los como herança.

Não há uma posição única, mas, de todo modo, é importante se atentar aos extremos. Tanto as expressões culturais daqueles que buscam lucro acima de qualquer outra coisa como quem o rejeita completamente pode estar cometendo idolatria. No primeiro caso, mais óbvio, por conta da falta de confiança última nos recursos financeiros. O segundo caso, não tão óbvio assim, pela rejeição de algo legítimo em decorrência de uma visão distorcida da realidade.

Um texto bíblico importante para a discussão é Lucas 6:20-24. Nele, Jesus fala aos seus discípulos e a uma multidão que estava ali presente para ouvi-lo: "Então, olhando para os discípulos, disse: 'Bem-aventurados sois vós, os pobres, porque o reino de Deus é vosso. [...] Mas ai de vós que sois ricos, porque já recebestes a vossa consolação'".

Uma leitura superficial pode levar a entender que a pobreza material seria um bem e a riqueza, um problema. No entanto, um olhar atento revela que os pobres são bem-aventurados não por serem pobres, mas porque, graças à ausência de bens terrenos, conseguem ter consciência de sua pobreza espiritual, dependendo de Deus para tudo.[2]

De igual modo, o "ai" em relação aos ricos não é por conta de suas posses, como se fossem condenáveis ou impeditivos para entrar no reino de Deus. Jesus se refere especificamente àqueles que depositam nelas sua esperança

---

1 Para compreender mais sobre o assunto, algumas obras podem ajudar: Bob Goudzwaard, *Capitalismo e progresso* (Viçosa: Ultimato, 2019); David W. Hall e Matthew D. Burton, *Calvino e o comércio* (São Paulo: Cultura Cristã, 2017); André Biéler, *O pensamento econômico e social de Calvino* (São Paulo: Cultura Cristã, 2012).

2 HENDRIKSEN, William. *Comentário do Novo Testamento: Lucas*, vol. 1 (São Paulo: Cultura Cristã, 2014), p. 417.

ou as enxergam como a coisa mais importante na vida.[3] O professor João Paulo Thomaz de Aquino corrobora essa interpretação ao concluir que:

> A primeira bem-aventurança é tanto uma bênção para aqueles que já estão vivendo pelos valores do reino (discípulos) quanto um convite para aqueles que não estão. O primeiro ai é uma advertência para aqueles que estão acostumados a colocar a sua fé no dinheiro em vez de em Deus.[4]

Outro trecho bíblico relevante é Efésios 4:28: "Aquele que roubava, não roube mais; pelo contrário, trabalhe, fazendo com as mãos o que é bom, para que tenha o que repartir com quem está passando necessidade". Veja que as escrituras instruem que se reparta o fruto do trabalho. O trabalho regular implica uma recompensa financeira, e esta deve ser dividida com os menos afortunados. Nesse sentido, David Hall e o Matthew Burton retomam o comentário de Calvino, que, a partir desse versículo, entendia que a lucratividade de um negócio deveria contribuir para o bem comum.[5] Logo, o lucro é algo positivo quando não é venerado:

> O lucro é um aspecto legítimo do mundo dos negócios quando está devidamente subordinado a outras intenções, mas quando o lucro se torna a única razão dos negócios, do seu ídolo, então essa empresa estará desvirtuada por sua própria idolatria.[6]

Com base nisso, podemos discernir dois princípios valiosos para o exercício do nosso trabalho:

1. É desejável que nosso negócio seja lucrativo ou, ao menos, autossustentável. Isso vale tanto para assalariados, que devem desejar o sucesso de suas empresas, uma vez que é necessário para a manutenção do negócio, como para empreendedores.

2. O trabalho deve possibilitar a mordomia. Mesmo o lucro sendo lícito e desejável, ele não é um fim em si mesmo. O cristão deve entender que faz parte de uma nova realidade inaugurada por Cristo e, por isso, deve usar seus recursos também para auxiliar os que precisam de ajuda financeira.

---

3   Ibid., p. 421.

4   AQUINO, João Paulo Thomaz de. "Bem-aventurados os pobres e ai dos ricos: lendo Lucas 6.20 e 24 em contexto", *Fides Reformata*, São Paulo, v. 24, n. 1, p. 51-76, 2019. Disponível em: https://cpaj.mackenzie.br/wp-content/uploads/2021/03/Fides_v24_n1_4-Bem-Aventurados-os-Pobres-e-Ai-dos-Ricos-Lendo-Lucas-6_20-e-24-em-Contexto-Joao-Paulo-Aquino.pdf.

5   HALL; BURTON, *Calvino e o comércio*, p. 39.

6   GOHEEN; BARTHOLOMEW, *Introdução à cosmovisão cristã*, p. 206.

De acordo com Paulo, todo trabalho deve gerar lucro para suprir os que passam por necessidades financeiras O apóstolo era um homem terno e extremamente compreensivo (Gálatas 6:10), além de preocupado em ajudar os pobres (Gálatas 2:10).[7]

O IDEAL DE TRABALHO, segundo Paulo

Figura 2: Intersecção entre a lucratividade e a filantropia[8]

O professor Michael Horton nos ajuda a compreender que, em última instância, o lucro não é necessariamente nosso. Deus o colocou em nossas mãos para ser administrado, e não monopolizado: "No início, Deus colocou Adão sobre um mundo criado não como um tirano, mas como um mordomo. Adão não recebeu o Paraíso em algum sentido de posse final".[9]

As possibilidades e os recursos que Deus nos dá não devem ser usados conforme nossos interesses pessoais, e um dia prestaremos contas a ele da nossa mordomia. Inclusive, Timothy Keller e Katherine Leary Alsdorf reiteram que isso vale também para o mundo corporativo:

> Quais são alguns ídolos do mundo corporativo, por exemplo? Dinheiro e poder certamente estão no topo da lista. Mas não nos esqueçamos de que um ídolo é algo bom que transformamos em algo supremo. Lucros e influência corporativa, se administrados com sabedoria, são meios saudáveis para um fim benéfico. São vitais para a criação de produtos novos e úteis aos clientes, oferecendo um retorno adequado ao dinheiro dos investidores e pagando bem aos funcionários pelo trabalho que fazem. Da mesma forma, o salário é uma recompensa adequada aos esforços feitos por alguém e é necessário ao sustento da pessoa e sua família.

---

7 HENDRIKSEN, William. *Comentário do Novo Testamento: exposição de Efésios e exposição de Filipenses* (São Paulo: Cultura Cristã, 2004), p. 261.

8 Ibid., p. 39, adaptado.

9 HORTON, Michael. *A lei da perfeita liberdade: os Dez Mandamentos* (São Paulo: Cultura Cristã, 2000), p. 173.

Mas ele não é nossa identidade, nossa salvação, nem mesmo nossa fonte de segurança e consolo.[10]

Em resumo, o lucro não é ruim em si mesmo. Mas é preciso geri-lo de acordo com as diretrizes divinas — pensando no próximo, não apenas em nós. É necessário agir como um *mordomo*. Na antiguidade, essa palavra se referia a um administrador que cuidava de uma propriedade durante a ausência de seu dono. Da mesma forma, Cristo, o Senhor de toda a existência, nos deixou como administradores da sua terra.

> A imagem bíblica de um mordomo é instrutiva. Essa pessoa era responsável por administrar em nome do senhor não por prazer egoísta, mas sim para o bem dos integrantes da casa e de acordo com os desejos do senhor. Ao final do período de mordomia, o mordomo tinha que prestar contas sobre a maneira como havia administrado em nome do seu senhor.[11]

Não à toa, na obra *Capitalismo e progresso*, Bob Goudzwaard explica que a palavra economia tem origem do termo grego *oikonomia*,[12] que se referia justamente ao trabalho do mordomo. Além de garantir que a propriedade continuasse produzindo, a prática da *oikonomia* exigia que o mordomo garantisse o sustento dos que nela viviam. Ou seja, a economia não visava à geração de riqueza por si só, mas em função do bem do próximo.

No entanto, Goudzwaard alerta que a compreensão de economia se transformou ao longo do tempo, aproximando-se da palavra grega *chrematistike*, que é associada ao autoenriquecimento e ao acúmulo de posses. No marketing, isso aparece na atitude "venda a qualquer custo" defendida por muitas abordagens contemporâneas, sobretudo no mercado digital. Nela, o público é apenas mais um "alvo".

Porém, quando o marketing vai além de fórmulas, receitas mágicas e processos padronizados para gerar vendas atendendo ao público, inclusive atentando-se a questões sociais e psicológicas, ele se torna uma expressão da *oikonomia*. Conscientes disso, o desafio dos cristãos é fazer com que a economia recupere seu sentido original e nossos empreendimentos voltem à mordomia.

---

10 KELLER, Timothy; ALSDORF, Katherine Leary. *Como integrar fé e trabalho: nossa profissão a serviço do reino de Deus* (São Paulo: Vida Nova, 2014), p. 156.

11 GOHEEN; BARTHOLOMEW, *Introdução à cosmovisão cristã*, p. 76-7.

12 GOUDZWAARD, Bob. *Capitalismo e progresso: um diagnóstico da sociedade ocidental* (Viçosa: Ultimato), 2019, p. 227.

✳ CAPÍTULO 3 ✳

Um novo contexto: a era da conectividade

> Já é hora de voltar a internet
> Puxe os cabos, hashtag
> Precisamos despertar,
> Senão www.vamosdestruiroespaço
> Saia da frente da tela
>
> **"Plástico", de Edgar**

Atualmente, é indispensável falar sobre conectividade. Quando o assunto é marketing, então, é obrigatório. Antes de termos a capacidade de um aparelho de operar em rede, a comunicação era centralizada e hierarquizada. Pense na televisão aberta de trinta anos atrás. A oferta de canais era limitada, poucos detinham o controle do conteúdo transmitido e o público era um mero consumidor. Alguém ligava a televisão, escolhia uma dentre as opções disponíveis e assistia passivamente.

Com a conectividade, a comunicação passa a ser descentralizada, a hierarquia deu lugar à pulverização e o público se tornou produtor. Se antes a informação era compartilhada linearmente, de cima para baixo, agora ela é disseminada de forma difusa. Na prática, qualquer pessoa pode criar conteúdo, individual ou colaborativamente. E não precisa ser uma publicação com fins profissionais — basta postar qualquer foto ou *reels*.[1] E alguém do outro lado o receberá.

---

1   Uma categoria de conteúdo proposta pelo Instagram com vídeos curtos que são assistidos de forma sequencial com base nas escolhas do algoritmo da rede.

Para entender esse fenômeno, é preciso conhecer o modelo de sobrevivência proposto por Carlos Nepomuceno, jornalista e pesquisador dos impactos da internet na sociedade.[2] Esse modelo será o ponto de partida da nossa compreensão de três aspectos da sociedade: a comunicação, a administração e a complexidade demográfica.

Nepomuceno propõe que, sempre que há uma mudança significativa em como nos comunicamos, surgem novas formas de se administrar a sociedade, que, por sua vez, possibilitam o aumento no número da população. Esse aumento de complexidade demográfica exige a criação de novas formas de comunicação.

Figura 3: Modelo de sobrevivência de Carlos Nepomuceno

Um ótimo exemplo é a invenção da prensa móvel. Criada por volta de 1450 por Johannes Gutenberg, ela possibilitou a reprodução mecânica de textos ou materiais gráficos diversos, que antes eram copiados à mão. A prensa, portanto, otimizou um trabalho manual e marcou o início da produção gráfica que conhecemos hoje.

Os impactos disso foram enormes. O custo de produção de materiais impressos foi reduzido, gerando um aumento no volume das publicações, que se tornaram acessíveis a um público mais amplo. Pessoas que antes não tinham acesso a livros passaram a ter. Consequentemente, apareceram novidades na educação, na formação profissional, na política e até mesmo na fé cristã, tendo sido uma invenção fundamental para a Reforma Protestante:

> a Reforma, aonde quer que chegasse, se preocupava em colocar a Bíblia na língua do povo — e nesse particular a tipografia foi fundamental para a Reforma —, a fim de que todos tivessem acesso à Sua leitura, sendo o "reavivamento" da pregação da Palavra um dos marcos fundamentais da Reforma.[3]

---

2 NEPOMUCENO, Carlos. *Administração 3.0: porque e como "uberizar" uma organização tradicional* (Rio de Janeiro: Alta Books, 2018), p. 35.

3 COSTA, Hermisten Maia Pereira da. *O protestantismo e a palavra impressa: ensaios introdutórios*, Ciências da Religião, História e Sociedade, vol. 6, n. 2, 2008, pp. 123-45.

Todas essas mudanças possibilitaram a criação de novas maneiras de se organizar a sociedade, pavimentando o caminho para o processo de industrialização. Por sua vez, o número de habitantes ao redor do mundo cresceu exponencialmente.

Nepomuceno, entretanto, ignora alguns aspectos que são fundamentais em uma perspectiva cristã. Mudanças na comunicação e os novos modelos administrativos influenciam e são influenciados por algo que chamamos de compromisso religioso, ou cosmovisão.[4]

A cosmovisão diz respeito a tudo o que move as pessoas. Ela vale, inclusive, para um ateu ou para alguém que não professa uma religião formalizada, pois eles também têm uma inclinação religiosa, seja para o desenvolvimento humano, seja para a obtenção de lucro ou para a busca pelo prazer. *Alguma coisa o motiva a agir.* Assim, o compromisso religioso é o impulso que nos induz a fazer algo ou a deixar de fazê-lo; molda nossa comunicação e compreensão de como a sociedade deve se organizar; e também é influenciado por fatores externos.

Figura 4: Modelo de sobrevivência com influência do compromisso religioso

---

4   James Sire define cosmovisão como: "O compromisso, a orientação fundamental do coração, que pode ser expresso em uma história ou um conjunto de pressupostos (suposições que podem ser verdadeiras, verdadeiras em parte ou de todo falsas) que mantemos (de forma consciente ou subconsciente, consistente ou inconsistente) sobre a constituição básica da realidade e que fornece o fundamento sobre o qual vivemos, nos movemos e existimos." SIRE, James W. *O universo ao lado: um catálogo básico sobre cosmovisão* (Brasília: Monergismo, 2018), p. 23 (Kindle).

Desse modo, grandes mudanças, como o surgimento da conectividade, nunca são isoladas — são possibilitadas por algo que as precede e desencadeiam transformações em outros campos da vida. Essa compreensão é fundamental, pois, quando há uma mudança tecnológica, por exemplo, ela nunca acontece isoladamente, mas sim porque algo anterior a ela a possibilita, e algo posterior a ela receberá a sua influência.

Tecnologia, informação e inovação

Similarmente ao que foi proposto por Carlos Nepomuceno, mas dando ênfase a outros elementos, a pesquisadora e consultora Martha Gabriel, umas das principais pesquisadoras de inovação e marketing digital no Brasil,[5] também elaborou um modelo chamado círculo virtuoso, que costura a tecnologia, a informação e a inovação. Segundo ela, sempre que há uma grande mudança tecnológica, esta potencializa o acesso e a difusão da informação. Por sua vez, a ampliação do acesso à informação fomenta a inovação e permite o desenvolvimento de novas tecnologias, criando o círculo virtuoso que se retroalimenta.

Figura 5: Círculo virtuoso de Martha Gabriel

Ainda que teórico, nesse círculo, o mais importante é a inter-relação entre os elementos. Como já vimos, mudanças surgem a partir de condições anteriores, e estas catalisam novas transformações. As tecnológicas, por exemplo, nunca são somente tecnológicas, pois impactam outras áreas da vida em menor ou maior grau.

---

5 GABRIEL, Martha. *Você, eu e os robôs: pequeno manual do mundo digital* (São Paulo: Atlas, 2019), p. 132

Mas essas repercussões não são evidentes. Um gráfico publicado no *Singularity Hub*[6] mostra que, em dado momento, cria-se uma distância entre o desenvolvimento tecnológico e a nossa percepção dele. A nossa percepção é muito mais linear, enquanto as transformações tecnológicas acontecem de uma forma exponencial — os especialistas chamam de fator surpresa do crescimento exponencial

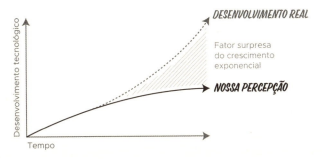

Figura 6: Fator surpresa do crescimento exponencial

Por exemplo, o computador pessoal, voltado para o uso doméstico, surgiu a partir de 1980. Alguns anos depois, a internet — criada antes, mas que foi popularizada mais tarde — chegou aos lares. Entre 2000 e 2010, as mídias sociais explodiram em seus mais diversos formatos. Assim, se criarmos uma linha do tempo de 1980 até 2010, esse desenvolvimento segue um crescimento quase linear. No entanto, entre 2020 e 2025, aparece uma série de novidades que, embora tenham começado a ser desenvolvidas antes, progrediram em tempo recorde: a difusão da inteligência artificial, a internet das coisas, o desenvolvimento da computação quântica e o uso de *blockchain*.[7] E, levando-se em consideração o impacto que elas tiveram em nossa sociedade — pense, por exemplo, do quanto você depende do seu smartphone para trabalhar, pagar contas e se localizar —, olha quanta coisa mudou!

---

6 BERMAN, Alison E.; DORRIER, Jason; HILL, David J. "How to Think Exponentially and Better Predict the Future", *Singularity Hub*, 2016. Disponível em: https://singularityhub.com/2016/04/05/how-to-think-exponentially-and-better-predict-the-future.

7 *Blockchain* é um mecanismo de banco de dados avançado que permite o compartilhamento transparente de informações na rede de uma empresa. Para saber mais, leia: https://aws.amazon.com/pt/what-is/blockchain/

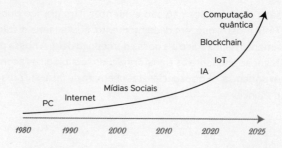

Figura 7: Curva de crescimento exponencial da tecnologia
Fonte: VERMEULEN, Erik P.M. "5 Reasons Why We Should Study and Embrace Artificial Intelligence!", *Hackernoon*, 2017. Disponível em: https://hackernoon.com/5-reasons-why-we-should-study-and-embrace-artificial-intelligence-8ba31c4d0c7f. Adaptado.

Como mostra um artigo publicado pela *Hackernoon*,[8] a curva de desenvolvimento em relação à progressão temporal deixa de ser linear e tem um aspecto exponencial: à medida que a tecnologia evolui, ela contribui para o próprio desenvolvimento tecnológico. Temos mais mudanças, transformações e inovações em um espaço temporalmente menor do que tivemos em outras épocas – e o mesmo se dá para a conectividade.

A fé no progresso como uma narrativa modernista

Contudo, a capacidade exponencial do avanço tecnológico cria uma armadilha aos cristãos: a fé no progresso, que é uma visão modernista. Não quero defender que nós devemos nos opor ao desenvolvimento — ele faz parte do mandato cultural. No entanto, não podemos depositar nele a nossa esperança redentiva nem nossa fé, pois pertencem somente a Cristo.

Nesse sentido, o cientista da computação Derek C. Schuurman adverte que, "a cada nova tecnologia, rapidamente abraçamos as oportunidades que ela traz e às vezes refletimos pouco sobre o que podemos estar perdendo".[9] A tendência é nos encantarmos com suas possibilidades e nos esquecermos de seus possíveis desdobramentos negativos.

Em razão disso, podemos ser mais críticos, à luz da Palavra, das consequências do uso de recursos tecnológicos. Podemos nos animar com seus

---

8 VERMEULEN, Erik P.M. "5 Reasons Why We Should Study and Embrace Artificial Intelligence!", *Hackernoon*, 2017. Disponível em: https://hackernoon.com/5-reasons-why-we-should-study-and-embrace-artificial-intelligence-8ba31c4d0c7f.

9 SCHUURMAN, Derek C. *Moldando um mundo digital: fé, cultura e tecnologia computacional* (Brasília: Monergismo, 2019), posição 439 (Kindle).

benefícios sem deixar de tratar potenciais problemas com seriedade. Como cristãos, isso significa não deslocar a fé no Criador para as obras da criatura.

Hoje, há personagens digitais que usam inteligência artificial para simular seres humanos — os chamados meta-humanos. Não me refiro a mensagens pré-configuradas, mas a um dispositivo capaz de ter uma interação, respondendo a perguntas ou dando orientações. Algumas iniciativas, como o projeto Neon,[10] almejam que eles sejam utilizados nas mais diversas funções: de atendente de lojas a professores de ioga. Precisamos refletir muito sobre essa questão e tantas outras que aparecem a cada dia.

Do ponto de vista econômico, os meta-humanos podem ser uma solução muito viável para as empresas. Mas, do ponto de vista bíblico, devemos nos perguntar quais seriam os possíveis prejuízos da adoção de tal tecnologia. E nos lembrarmos de que:

> A tecnologia não é neutra; é uma atividade cultural carregada de valores em resposta a Deus que molda a criação natural. Tampouco é autônoma; é uma área em que exercemos liberdade e responsabilidade.[11]

Nosso trabalho, seja ele qual for, também nunca é neutro. Todos nós temos motivações e compromissos religiosos que orientam, moldam e direcionam aquilo que fazemos, ainda que, em alguns casos, não estejamos conscientes disso. Dos nossos posts até este livro que você está lendo, por trás de tudo que criamos, há uma intencionalidade. No documentário *O dilema das redes*, "especialistas em tecnologia e profissionais da área elaboram um alerta: as mídias sociais podem ter um impacto devastador sobre a democracia e a humanidade".[12] Apesar de ter algumas críticas a ele,[13] esse filme mostra muito bem que os humanos desenvolveram as redes sociais com intenções específicas. Quando uma equipe cria um algoritmo, por exemplo, este segue os padrões estabelecidos por ela ou pelas pessoas hierarquicamente acima.

Diante disso, Schuurman nos orienta a usufruir desses recursos com responsabilidade. Não podemos ser inocentes, e devemos reconhecer a falta de neutralidade da tecnologia. Assim, temos liberdade de escolha, mas com responsabilidade. E o teólogo Michael Horton alerta:

> Em nossos dias, justamente celebrados por seus avanços tecnológicos e científicos, temos provado mais uma vez que a inteligência e o conhecimento, o domínio

---

10 Para saber mais, acesse: https://youtu.be/hObhjF-5olU.

11 SCHUURMAN, *Moldando um mundo digital*, posição 458 (Kindle).

12 Disponível em: https://www.netflix.com/title/81254224.

13 Para saber mais, leia: https://theinvisiblecollege.com.br/reflexoes-sobre-o-dilema-das-redes/.

Click sem bait

da técnica e o domínio da personalidade, o uso sofisticado de ferramentas e o uso sofisticado da sabedoria não requer sempre a companhia uns dos outros.[14]

Além disso, uma pesquisa sobre tendências socioculturais realizada em 2020 pela Universidade de Lisboa afirma:

> Surge, cada vez mais, a consciência de que há um uso excessivo do domínio virtual e de dispositivos tecnológicos. O que, consequentemente, se traduz numa decadência da privacidade, devido à sobrepartilha de informação na internet e nas respetivas redes sociais, incluindo cedência de dados, etc. Porém, estar-se ciente da atenção dada ao domínio tecnológico fomenta comportamentos associados à fuga do virtual. Muitas das vezes, esse desejo apoia-se no uso de dispositivos que são fruto do próprio avanço tecnológico. É um paradoxo.[15]

O relatório — que aponta tendências, não fatos consolidados — também afirma que temos uma propensão a fugir do virtual. O paradoxo é que essa fuga recorre a recursos tecnológicos. Por exemplo, há pessoas que baixam um aplicativo para controlar o tempo gasto em outros aplicativos e podem, inclusive, bloquear os que excedem o tempo predeterminado. Percebe a ironia?

Esse é o contexto da era da conectividade: uso excessivo de mídias sociais e ambientes digitais que diminuem a privacidade e provocam um sentimento de fuga tecnológica. Mas o que a fé cristã tem a dizer sobre ela? E como pode dar resposta a esse dilema? Precisamos compreender nosso tempo para sabermos como viver, aqui e agora, de acordo os princípios das escrituras.

---

14 HORTON, *A lei da perfeita liberdade*, p. 153.

15 GOMES, Nelson Pinheiro (org.). "Tendências socioculturais: um mapa de macro e micro tendências", Laboratório de Gestão de Tendências e da Cultura, Faculdade de Letras da Universidade de Lisboa, 2020. Disponível em: http://creativecultures.letras.ulisboa.pt/index.php/gtc-trends2020/.

✳ CAPÍTULO 4 ✳

Tecnologia e as mídias sociais: uma breve reflexão

Me faz lembrar onde estamos
Digitalmente perdidos
Me faz lembrar nosso rumo
Liquidamente entretidos

"esc (caverna digital)", de Scalene

Ao discutir nossa relação com a tecnologia, não podemos deixar de falar das mídias sociais. Até porque grande parte do marketing, atualmente, é digital.[1]

De acordo com uma pesquisa conduzida por WeAreSocial e Hootsuite,[2] no Brasil, em 2022, havia 224,9 milhões de conexões de dispositivos móveis. Com uma população de 214,7 milhões de habitantes, o país tinha 4,8% mais dispositivos móveis conectados do que pessoas, embora nem todas os possuíssem. Já 165 milhões de usuários, ou 77% da população, tinham acesso à

---

1   Embora tenha se popularizado, o termo "marketing digital" recebe algumas críticas. Aqueles que se opõem a utilizá-lo — com razão, no meu ponto de vista — alegam que não existe "marketing digital", e sim "marketing no ambiente digital". Ou seja, o marketing continua o mesmo, o que muda é o contexto.

2   DateReportal, *Digital 2022: Brazil*. Disponível em: https://datareportal.com/reports/digital-2022-brazil.

internet, sendo 171 milhões de usuários ativos[3] nas mídias sociais (o que equivalia a 79,9% da população). Por sua vez, o tempo médio gasto por um brasileiro na internet, independente do dispositivo, era de mais de 10 horas por dia. Para fins de comparação, a média global no mesmo ano era de 6 horas e 58 minutos.[4] Esse comportamento é refletido em diversos campos.

O impacto da tecnologia no trabalho

Um fato curioso e talvez assustador, dependendo da sua geração, são os novos cursos superiores. Há cinco anos seria impensável abrirmos o site de uma universidade e nos depararmos com um curso de graduação de Formação para Youtuber ou pós-graduação em Metaverso e Disrupção Digital. Isso já acontece no Brasil, demonstrando que profissões e formas de atuação estão em transição. Antes considerados hobbies, agora são fontes de renda para muitas pessoas, que, inclusive, podem ganhar muito mais do que salários ordinários.

Outro exemplo é a indústria dos games. Aqui, me refiro não apenas a produtoras e distribuidoras de jogos, mas sobretudo a quem trabalha como jogador profissional, os gamers. Quando se destacam, são patrocinados por empresas para representá-los em grandes competições ao redor do mundo, como futebol online. É um mercado enorme que movimenta cifras maiores que as do cinema e da música![5]

Esses dados nos ajudam a compreender a dimensão real do alcance das mídias e da internet em nossa vida. Mas temos que ir mais a fundo para entender o impacto da tecnologia no trabalho. Martha Gabriel explica que "o que a revolução mecânica fez com o músculo humano, substituindo as habilidades braçais repetitivas, a revolução digital tende a fazer com o nosso cérebro, substituindo todas as habilidades mentais repetitivas".

Temos cada vez mais acesso a recursos tecnológicos — e talvez a inteligência artificial seja o principal deles — que se colocam como potenciais substitutos a algumas atividades humanas físicas e cognitivas, em especial quando

---

3 Há mais usuários nas mídias sociais do que pessoas com acesso à internet no Brasil. Isso porque há pessoas com mais de um perfil em uma mesma mídia. Por exemplo, uma mesma pessoa pode ter uma conta pessoal e outra profissional.

4 DateReportal, *Digital 2022 Global*. Disponível em: https://datareportal.com/reports/digital-2022-global-overview-report.

5 WAKKA, Wagner. "Mercado de games agora vale mais que indústrias de música e cinema juntas", *Canal Tech*. Disponível em: https://canaltech.com.br/games/mercado-de-games-agora-vale-mais-que-industrias-de-musica-e-cinema-juntas-179455/.

Tecnologia e as mídias sociais: uma breve reflexão

elas não demandam uma tomada de decisão, como cálculo matemático ou a busca de uma lei no código penal.[6]

Uma pesquisa da empresa de consultoria McKinsey sobre o futuro do trabalho classifica as funções com mais ou menos chance de serem substituídas. As mais prováveis são atividades físicas previsíveis e processamento ou coleta de dados. As menos prováveis são trabalho físico imprevisível e relação com *stakeholders*.[7] E as com probabilidade mínima de serem substituídas são as que envolvem aplicação de expertises e gestão de pessoas.

> Além da inteligência artificial ter o potencial de substituir toda e qualquer função humana repetitiva — seja ela braçal ou intelectual — com muito mais eficiência e velocidade (eliminando funções), o ambiente tecnológico que se forma também precisa da atuação em novas atividades imediatas, que requerem habilidades inéditas.[8]

Embora a tecnologia faça desaparecer algumas profissões, como sempre aconteceu ao longo da história, ela também demandará novos conhecimentos e novas habilidades. Trata-se, portanto, de um movimento que acontece em duas direções.

O Brasil, no entanto, tem um desafio pela frente: 50% dos empregos devem ser automatizados. Não é algo certo, mas há um imenso potencial para que venha a acontecer em virtude do tipo de trabalho mais comum no país. As empresas, instituições e o poder público precisam começar desde já a capacitar as pessoas para uma transição ou maior especialização para que não sejam substituídas por robôs.

Obviamente, a questão não é simplória, o que torna relevante um questionamento acerca de quanto realmente são positivas para o bem comum ou apenas para a elite econômica. De qualquer modo, a mudança acontecerá, e é preciso instituir boas práticas para evitar a promoção da desigualdade social e de problemas socioeconômicos. Caso haja uma grande automação — e em algum nível, ela já está acontecendo — precisamos amenizar seu impacto na vida de trabalhadores. Nas palavras de Martha Gabriel, "a questão, aqui, é

---

6 Além da substituição de funções repetitivas, como os exemplos citados no texto, a discussão sobre o uso de inteligência artificial tem se ampliado para outras áreas de atuação que envolvem também um trabalho criativo, como a geração de imagens, vídeos ou textos. É importante também mencionar o potencial de alto processamento de dados com o uso de inteligência artificial, o que pode impactar em áreas como o marketing — traçando padrões de comportamentos de compra de milhares de usuários a fim de gerar estratégias mais direcionadas.

7 *Stakeholders* é um termo usado para se referir ao público de interesse de um determinado projeto, que será diretamente impactado por ele, como por exemplo, os acionistas de uma empresa.

8 GABRIEL, *Você, eu e os robôs*, p. 256.

Click sem bait

como combater os desequilíbrios de poder e renda resultantes da transformação tecnológica".[9]

Como estamos imersos em uma cultura com alto apreço pelo desenvolvimento, pela inovação e pela tecnologia, precisamos escolher como lidar com ela e, também, em como reparar e gerenciar os possíveis desequilíbrios. Derek C. Schuurman faz um alerta sobre isso:

> Concepções simplistas da tecnologia ou superestimam sua capacidade em resolver problemas, ou a culpam por todos os nossos problemas. Ambas essas visões retratam a tecnologia como uma força independente em vez de enfatizar o fato de que ela é uma atividade humana.[10]

Schuurman aponta que, como vimos no capítulo anterior, há quem acredite que a redenção da humanidade está no desenvolvimento tecnológico, em uma esperança quase escatológica de que terá os problemas humanos resolvidos pelo desenvolvimento, o que é incompatível com uma visão de mundo cristã. Há também os avessos à tecnologia, como se ela fosse uma grande vilã da humanidade e a fonte de todo o mal, uma perspectiva também incompatível com a fé cristã.

Para além desses extremos, podemos adotar uma postura equilibrada e entender que a tecnologia não é uma força independente e autônoma, e sim fruto da atividade humana que traz realidade a tal recurso. Por isso, se ela "é de fato uma atividade cultural distinta na qual os seres humanos exercem liberdade e responsabilidade para com Deus, então precisamos usar e desenvolver a tecnologia da computação de uma maneira que honre a Deus".[11]

De novo, é preciso conciliar liberdade e responsabilidade. Deus nos dá a liberdade para usar e desenvolver a tecnologia, mas não podemos nos esquecer que o fazemos diante dele. E sempre responderemos ao Senhor pelas nossas ações e escolhas. Liberdade e responsabilidade nos ajudam a caminhar de forma equilibrada.

A nossa relação com as mídias sociais

A responsabilidade também precisa ser colocada em prática ao lidarmos com o conteúdo ao qual temos acesso, tanto em relação à qualidade desse conteúdo quanto à quantidade. Do contrário, podemos sofrer, por exemplo, da

---

9 Ibid., p. 257.

10 SCHUURMAN, *Moldando um mundo digital*, posição 571 (Kindle).

11 Ibid., posição 571 (Kindle).

Tecnologia e as mídias sociais: uma breve reflexão 47

síndrome da fadiga da informação,[12] um problema gerado pelo acesso exacerbado a informações, sobretudo nas mídias sociais — WhatsApp, Twitter, TikTok e várias outras. Por mais contraditório que pareça ser, informação demasiada sem curadoria faz com que o conteúdo deixe de ser informativo e se torne deformativo, ou seja, faz mal. Com isso, vem a fadiga. Estamos saturados de informação!

Não à toa, o filósofo Byung-Chul Han reforça a importância de sermos responsáveis:

> A responsabilidade [...] estabelece um compromisso com o futuro. Os meios de comunicação atuais promovem, em contrapartida, a não obrigatoriedade, a arbitrariedade e a duração de curto prazo. A absoluta prioridade do presente caracteriza o nosso tempo.[13]

Agir de forma responsável é compreender que nossas escolhas, ações e ideias têm consequências, tanto para nós e para o nosso próximo — é pensar no futuro. Mas as mídias sociais nos prendem no presente, conforme o autor nos apresenta. Sem um uso crítico e consciente, nos tornamos reféns do imediato. Precisamos, então, de intencionalidade, uma vez que os meios de comunicação não ajudarão a criar senso de responsabilidade, mas o contrário.

Não devemos ignorar ou descartar o tempo presente, mas ele não pode ser absoluto. No uso das mídias sociais ou de qualquer outro elemento da nossa realidade, precisamos estabelecer um compromisso com o futuro, não apenas com o imediato. Por exemplo, imagine que algo aconteceu e deixou você indignado. É comum que a reação imediata seja publicar um texto ou vídeo em alguma mídia expressando sua revolta. Contudo, talvez fosse mais prudente ponderar e publicar esse conteúdo depois para evitar arrependimentos?

O mesmo vale para a resposta de um vídeo de alguém de quem discordamos, para o comentário de algum post que toca em uma questão polêmica ou na adoção de determinada postura diante de uma inovação tecnológica. Não é para se abster de debates, mas prezar pela prudência e moderação, e também pelo julgamento divino das nossas ações.

O juízo sobre o uso das mídias sociais

Responsabilidade implica responder a alguém pelos próprios atos, prestação de contas e juízo. Afinal, seremos avaliados a partir dos mandatos espiritual, cultural e relacional.

---

12 HAN, Byung-Chul, *No enxame: perspectivas no digital* (Petrópolis: Vozes, 2018), p. 65 (Kindle).

13 Ibid, p. 67.

De acordo com o mandato espiritual, como nos lembra o teólogo Anthony Hoekema, "somos completamente responsáveis diante de Deus por tudo que fazemos".[14] Tudo! Nossos recursos financeiros, tempo, conhecimento, vontades nos foram concedidos por Deus, portanto, responderemos pelo que fizemos com eles, inclusive nas mídias sociais.

Além disso, o professor e pesquisador Luís Mauro Sá Martino[15] constata que as pessoas estão se conectando cada vez mais para fugir da solidão da vida contemporânea e, ao mesmo tempo, para evitar ter relações duradouras. É válido questionarmos o quanto do nosso uso das mídias sociais está favorecendo ou desfavorecendo os nossos relacionamentos e, portanto, quebrando o mandato relacional.

Por fim, é preciso pensar nos efeitos que o uso acrítico e indiscriminado das mídias de acordo com o mandato cultural, tanto em nível individual, como a síndrome da fadiga da informação ou ansiedade disfuncional, quanto coletivo. Basta refletirmos sobre seus impactos negativos na política ou na economia.

Conscientes disso, aí, sim, podemos fazer bom uso dos recursos disponíveis — e agir de maneira ética.

---

14 HOEKEMA, Anthony. *Criados à imagem de Deus* (São Paulo: Cultura Cristã, 2018), p. 92.

15 MARTINO, Luís Mauro Sá. *Teoria das mídias digitais: linguagens, ambientes e redes* (Petrópolis: Vozes, 2015), p. 123.

SEGUNDA PARTE

NOSSA necessidade ética

✳ CAPÍTULO 5 ✳

Prelúdio: o desenvolvimento e a popularização do marketing

> Você não pode perder
> Você me faz ofertas que eu não posso recusar
> Você continua contando mentiras bonitas
> Você está brincando com a verdade
> Só você está me matando com a sua
>
> **"Propaganda", Muse**

Um prelúdio é a primeira etapa, como a faixa de introdução de um álbum ou a peça introdutória a uma obra maior. No caso deste capítulo, é uma espécie de contextualização antes da ética, tema desta parte. Ter uma compreensão mínima sobre o surgimento, o desenvolvimento e a popularização do marketing são fundamentais para fugirmos de estereótipos.

Philip Kotler, tido como um dos maiores especialistas de marketing no mundo, entende que a área passou por cinco eras, cada qual centrada num elemento diferente: produto, consumidor, ser humano, mundo digital e tecnologia.[1] Já Alexandre Las Casas e Marcos Cobra defendem que teriam sido

---

1   KOTLER, Philip; KARTAJAYA, Hermawan; SETIAWAN, Iwan. *Marketing 5.0: tecnologia para a humanidade* (Rio de Janeiro: Sextante, 2021), p. 13-5.

52 Click sem bait

quatro etapas, em que uma teria sido orientada para a produção; outra, para a venda; depois, para o produto; a última, para o próprio marketing.[2]

O marketing como ciência nasce nos anos 1910. Alguns especulam que foi fruto da necessidade do mercado de vender mais. A vida humana se tornou mais complexa, o que demandou maior produção e distribuição, e, consequentemente, exigiu a criação de estudos específicos para que esse fim fosse alcançado.

É mais proveitoso, portanto, entender que o marketing não passou por um processo linear, como se suas fases compreendessem a evolução do estágio anterior.[3] Mais ainda, como em outras ciências — a psicologia, por exemplo —, não há uma abordagem unânime. Não há uma única forma de enxergar o mercado, as relações comerciais, o cliente, as transações ou a promoção de determinado produto ou serviço. Por isso, a partir da obra do professor Alberto Ajzental,[4] vamos considerar doze grandes escolas. E, ao criticar o marketing — seja através do cristianismo, seja através de determinadas correntes sociais e políticas —, precisamos especificar a quais abordagens e práticas específicas nos referimos.

As grandes escolas de marketing

A primeira vertente foi criada pela escola commodity,[5] cujo propósito era estudar a relação entre os produtos e a sua distribuição aos consumidores. O foco estava nas características físicas do que era vendido, um elemento-chave para atender ao público. Assim, começou o desenvolvimento de estudos diferentes para as diversas categorias de produtos, visando desenvolver "receitas de marketing" direcionadas a cada uma delas.

Também entre os anos 1910 e 1920, surgiu a escola funcional.[6] Se a commodity tinha sua atenção voltada para o produto, nesta o foco era o processo. Ela propôs um estudo de logística sobre o papel do intermediário na

---

2   FREITAS, Vinícius Borges. "A evolução do marketing e os conceitos de marketing social". Artigo (Especialização em Planejamento Empresarial), Faculdade Alfamérica, Praia Grande (SP), 2019.

3   Embora aqui no livro as escolas sejam apresentadas de forma sequencial, devido à estrutura textual, é importante perceber dois detalhes: primeiro, que algumas datas se sobrepõem, ou seja, foram escolas que aconteceram simultaneamente, e não em um processo linear. Segundo, por se tratar de diferentes abordagens, as escolas anteriores não são excluídas com o surgimento das novas; ou seja, não se trata de uma única coisa que foi evoluindo ao longo do tempo, mas de novas coisas que foram surgindo.

4   AJZENTAL, Alberto. "Uma história do pensamento em marketing", tese de doutorado em Administração de Empresas, Fundação Getúlio Vargas, São Paulo, 2008.

5   Ibid., p. 46.

6   Ibid., p. 46.

Prelúdio: o desenvolvimento e a popularização do marketing **53**

distribuição entre o produtor e o consumidor. Com isso, começou a ser feita a divisão de funções no marketing: produção, vendas, propaganda, pesquisa etc. Assim, promoveu os fundamentos para, posteriormente, surgirem os famosos 4Ps do marketing.[7]

Também na mesma época, por volta de 1910, foi criada a escola institucional.[8] Ao lado das duas anteriores, formou os pilares do pensamento de marketing dali em diante. Os clientes começarem a perceber que a precificação dos produtos era determinada de forma arbitrária. Seu nome foi escolhido por conta da ênfase de analisar as próprias empresas a partir dos critérios de eficiência econômica. A ideia era que, quanto mais eficiente o processo, menores seriam os preços finais dos produtos e maiores os lucros das companhias. Todos sairiam ganhando.

Passando para os anos 1930, surge a escola regional.[9] Seu objetivo era diminuir a lacuna geográfica que havia entre o vendedor e o comprador. Ela chamou a atenção para os critérios de escolha da localização de uma loja física, por exemplo, otimizando o alcance ao público desejado. Foi uma perspectiva muito importante para os estudos posteriores sobre segmentação de mercado.

Dez anos depois, por volta de 1940, foi a vez da escola funcionalista.[10] Ela enxerga o marketing como um sistema que possui estrutura inter-relacionada e interdependente. Uma das suas principais contribuições foi o reconhecimento da importância do processo de troca, que resume o marketing nas principais definições contemporâneas: alguém oferece algo (um produto ou serviço) e recebe de outra pessoa uma contrapartida (uma quantia monetária, em geral).

Nos anos 1950, veio a escola gerencial.[11] Como o próprio nome diz, seu foco estava na prática por parte dos gestores das companhias. Foi nesse período que surgiram os primeiros "manuais de marketing". A proposta deles era tanto dar mais praticidade a um negócio ao aplicar o marketing no dia a dia quanto levantar uma preocupação com as questões éticas. Uma das principais ideias dessa escola era que tanto o produtor quanto o consumidor, deveriam se beneficiar de suas relações comerciais.

---

7 Esse conceito diz respeito a quatro pilares estratégicos do marketing: praça, preço, produto e promoção. Posteriormente, ele foi ampliado para 7Ps, considerando também: pessoas, percepção ou prova e processos. Há também uma proposta mais contemporânea que substitui os 4Ps por 4Cs, sendo: cliente, custo, conveniência e comunicação.

8 Ibid., p. 48.

9 Ibid., p. 47.

10 Ibid., p. 48.

11 Ibid., p. 48.

54 *Click sem bait*

Nessa mesma década, também surge a escola dinâmica organizacional,[12] embora ela só tenha se consolidado de fato entre os anos 1970 e 1980. Ela foi uma espécie de "descendente" da institucional, mas com foco nos aspectos psicológicos e sociais. Sua atenção estava voltada para o bem-estar dos consumidores, a análise das metas das organizações e as necessidades de todos que compõem o canal de distribuição (da produção à venda final). Foi graças a essa vertente que o marketing começou a ser integrado com outras áreas do saber, como a psicologia e a sociologia.

Saindo da década de 1950 e entrando em 1960, aparece a escola comportamento do consumidor.[13] Um de seus objetivos era compreender as razões mais complexas e realistas das atitudes do consumidor, também aplicando conceitos da psicologia e da sociologia. Suas pesquisas começaram a extrapolar o mercado e passaram a influenciar os serviços sociais e públicos. Outro grande marco foi a adoção da "estratégia" como uma disciplina de gerenciamento. Em resumo, essa escola compreendeu que vantagens competitivas poderiam ser obtidas ao juntar as oportunidades do mercado com as necessidades e condutas dos clientes.

Entre 1960 e 1970 aparece a escola ativista, que expõe o lado negativo do marketing e seu impacto no meio ambiente.[14] Sua preocupação era o bem-estar e o contentamento do consumidor. No entanto, para além da satisfação imediata e individual, ela começou a questionar sobre os efeitos a longo prazo e pensar no coletivo. Essa escola teve um papel fundamental ao criticar e repensar o próprio marketing, além de tratar de outros assuntos, como a responsabilidade dos clientes.

Também nessa mesma época surgiu a escola macromarketing.[15] Seu nome vem da análise das necessidades da sociedade e de como o marketing influencia e é influenciado por ela. Um grande ponto de virada que ela promoveu foi a possibilidade de uma atuação governamental, que usou o marketing para auxiliar em problemas sociais.

Outra vertente dos anos 1960 foi a escola sistêmica.[16] Nela, a ênfase estava no pensamento holístico na teoria e na pesquisa, baseando-se nas perspectivas de sistemas sociais e sistemas de vida. Seu foco estava nas inter-relações, consideradas mais importantes do que os agentes que as compunham. Ou seja, a relação do todo era mais importante do que as partes individuais.

---

12 Ibid., p. 50.

13 Ibid., p. 49.

14 Ibid., p. 49.

15 Ibid., p. 50.

16 Ibid., p. 50.

Finalizando esse período, ainda em 1960 e 1970, veio a escola de trocas sociais.[17] Seus proponentes sugeriram a aplicação do marketing a todas as transações sociais, aplicando-o em áreas como a política e a religião. Ela é controversa porque propõe que as trocas existentes dentro do marketing não envolvem apenas aspectos monetários, mas também outros recursos, como o tempo, o que gerou preocupação daqueles que possuem a visão mais tradicional de que o marketing só se aplica a negócios.

Por fim, nos anos 2000, é criada a escola experiencial.[18] Ela defende que, para além de simples transação econômica, o marketing precisa ser aplicado para promover uma experiência[19] para o público e para os envolvidos no processo. Sua intenção é dar um passo a mais e promover algo com intencionalidade, moldando a relação das empresas com seus consumidores.

Uma breve reflexão sobre o nosso tempo

Todo esse sobrevoo pelas diferentes escolas nos ajuda a entender o presente. No artigo "Desenvolvimento do Marketing: uma perspectiva histórica",[20] os autores analisam os "gurus do marketing" — pessoas que atuavam na área e que tinham um alto nível de influência ou popularidade —, fenômeno que surgiu por volta da década de 1980:

> O fenômeno dos gurus levou o Marketing às pequenas e médias empresas, e a todo tipo de profissional. [...] Mas também foi graças a esse fenômeno que houve um posterior descuido com o rigor da investigação científica e uma tendência a modismos.

Os gurus, portanto, foram importantes para a popularização do marketing, mas também acarretaram a falta de rigor e fundamentação. Empresas menores e a população em geral tomaram conhecimento da área, mas isso causou a disseminação de modismos sem embasamento teórico e técnico, apenas reprodução de práticas. O problema não está nos "gurus" em si enquanto

---

17 Ibid., p. 51 (grifo nosso).

18 SANTOS, T.; LIMA, M. V. V.; BRUNETTA, D. F.; FABRIS, C.; SELEME, A. "O desenvolvimento do Marketing: uma perspectiva histórica", *Revista de Gestão*, v. 16, n. 1, art. 5, 2009, p. 97.

19 Contemporaneamente, houve o desenvolvimento de uma área de atuação específica para lidar com isso, chamada Customer Experience (CX). A Customer Experience Professionals Association (CXPA) define a experiência do cliente como "a percepção que os clientes têm de uma organização — aquela que é formada com base em interações em todos os pontos de contato, pessoas e tecnologia ao longo do tempo." Para saber mais, acesse: https://www.cxpa.org/grow-your-knowledge/whatiscxG.

20 Ibid., p. 97.

profissionais que de fato possuem conhecimento, mas sim na reprodução de práticas sem fundamentação realizada a partir do trabalho deles.

Isso é relevante porque, em certo sentido, é o que acontece atualmente: temos uma nova onda de "gurus", ao ponto de o termo quase ter se tornado pejorativo. Mas, agora, eles atuam no contexto digital com as mesmas vantagens. Mais uma vez, o público utiliza de forma acrítica o que os "gurus" propõem, sem refletir sobre seu contexto específico ou compreender os porquês de determinada prática. É o caso, por exemplo, de um conteúdo gratuito introdutório a respeito de um assunto. Geralmente, o objetivo não é instruir outras pessoas, mas fazer com que participem de algum treinamento ou curso que o abordará com profundidade. O que acontece, no entanto, é que muitos tentam aplicar o conhecimento raso disponibilizado gratuitamente sem a devida fundamentação.

Outro problema está nos "falsos gurus", nas pessoas com grande influência, mas nenhum conhecimento especializado. Elas compartilham seu entendimento com terceiros, podendo prejudicá-los e deixar o marketing cada vez mais com um estigma de charlatanismo.

O que eu trato neste livro surge desse contexto. Quero contribuir para podermos discernir aquilo que é de fato bom e legítimo daquilo que não convém. Assim, poderemos trabalhar com o marketing de uma forma que glorifique a Deus e contribua para o bem comum a partir de uma ética distintamente bíblica.

✳ CAPÍTULO 6 ✳

Para começo de conversa: por que uma ética cristã do marketing?

Já não há mais nada
Que a Ele não pertença
Em tudo existe graça

"Colossenses 1", de Projeto Sola

Três problemas que tornam a ética cristã necessária

Neste capítulo, apresento o motivo da necessidade de uma ética distintamente cristã para o marketing. Se não tivermos clareza da importância do tema, as próximas páginas perdem o sentido. Por isso, penso que há três problemas que a tornam necessária.

O primeiro é a omissão — segundo o Dicionário Michaelis,[1] omissão é "o ato ou efeito de omitir-se, de não fazer ou dizer algo", ausência de ação, inércia, falta de atenção e cuidado — com o próprio marketing. Muitos acreditam erroneamente que a área é inerentemente ruim, negativa e inconciliável com a fé cristã. Mas isso decorre do desconhecimento das diferentes abordagens, como vimos antes.

---

1 Michaelis Dicionário Brasileiro da Língua Portuguesa. Disponível em: https://michaelis.uol.com.br/moderno-portugues/busca/portugues-brasileiro/omissao.

Além disso, de fato há inúmeras práticas questionáveis que vão na contramão do seu verdadeiro papel. E caímos no erro da omissão ao achar que a solução para elas é não desenvolver o marketing em igrejas, empreendimentos ou iniciativas que apoiamos. Contudo, é quase impossível ignorar suas contribuições, a menos que nos fechemos em uma comunidade isolada.

Entendo que o estudo da ética cristã nos ajuda a compreender que, sim, é possível trabalhar com o marketing para a glória de Deus, fugindo desse erro, ainda que não concordemos com algumas práticas, estratégias e pontos de partida. Mesmo assim, é possível ter coerência, ser justo e contribuir para o bem comum. Abdicar do marketing não é a resposta para os transtornos que ele pode causar.

O segundo problema é a ignorância — refiro-me à falta de conhecimento ou instrução, sobretudo das Escrituras. Há pessoas que aplicam técnicas, recursos e estratégias de marketing sem refletir sobre suas implicações e consequências. Mais ainda, são incapazes de relacionar o trabalho com a fé, como se ela nada tivesse a dizer sobre aquilo feito no dia a dia profissional.

É preciso entender, a partir de uma fundamentação teológica e ética, a partir da revelação do próprio Deus, que não há uma separação entre a vida espiritual e a profissional. A soberania divina paira sobre toda a existência, e nossa leitura da realidade e a maneira como agimos precisam estar baseadas na Palavra.

Por fim, o terceiro problema — e talvez o pior de todos — é o charlatanismo. Charlatão é quem explora a boa-fé do outro, é inescrupuloso ou usa de meios escusos para atrair as pessoas. No contexto de marketing e fé, também acrescento que é aquele que, em nome dos interesses pessoais, tem um desprezo prático pela ética bíblica, ainda que a conheça. É quem intencionalmente faz algo prejudicial ao outro; usa recursos sem conformidade com a ética bíblica; busca seus interesses pessoais em detrimento do próximo; não promove nada bom para as partes envolvidas, pois se preocupa só consigo mesmo. Em outras palavras, o charlatão engana, manipula e mente. Precisamos nos opor a ele e denunciá-lo.

O problema, porém, não é jurídico, mas ético. Práticas que consideramos inadequadas podem ser irretocáveis legalmente. Mas adequação não é o suficiente — e mais à frente mostrarei o porquê.

Além dos problemas...

Há também justificativas positivas para aplicar a ética cristã no marketing; motivações intencionais, e não reativas. Nesse sentido, John Frame aponta que, "se desejamos ser discípulos de Jesus, devemos nos dedicar a realizar

Para começo de conversa: por que uma ética cristã do marketing? **59**

boas obras. Se temos de praticar boas obras, devemos saber quais obras são boas e quais são más. Portanto, precisamos estudar ética".[2]

É comum que, ao pensar em ética, pensemos em algo abstrato, que não leva a lugar nenhum. Uma rua sem saída, sem respostas certas ou repleta de um conjunto de regras de "pode-não-pode". Mas, além dessas opções, John Frame nos mostra que a ética, na verdade, pode ser algo bem aplicável, prático e contextualizado. Se somos discípulos de Jesus, temos de praticar boas obras como uma resposta às boas-novas do Evangelho. Isso é o que o próprio Cristo ordena. Não há outra forma para o cristão viver se não for assim, com uma vida que faz tudo em adoração a Deus e a partir da sua Palavra, ainda que estejamos sobre a condição da Queda, em que o pecado corrompe a nós e ao mundo. Albert Wolters apresenta:

> as Escrituras falam de modo geral sobre tudo na nossa vida e no mundo, incluindo tecnologia, economia e ciência [...] A não ser que essas questões sejam abordadas em categorias centrais das Escrituras, como criação, pecado e redenção, a avaliação dessas dimensões supostamente não religiosas da nossa vida será provavelmente dominada por uma das visões de mundo concorrentes do Ocidente secularizado.[3]

Do contrário, nossa percepção é distorcida — ou, no mínimo, se torna reducionista. Se a narrativa bíblica não moldar nosso olhar, outra irá.[4] Isso é inevitável, e vale para o marketing, o design, a publicidade e a comunicação.

O apelo feito aqui por uma cosmovisão bíblica é simplesmente para que o cristão tome a Bíblia e o seu ensino de modo sério para a totalidade da nossa existência e não a restrinja às coisas "religiosas".[5]

Enxergar o mundo pelas lentes da fé cristã — por meio dos grandes atos da Criação, Queda e redenção — muda nossa perspectiva. Compreendemos nosso trabalho, estudo e tudo aquilo que fazemos de uma maneira muito mais rica e realista. Nesse mesmo sentido, Goheen e Bartholomew complementam:

> Se cremos que Jesus é o Senhor, precisamos dar testemunho acerca do senhorio de Cristo em todas as áreas da vida e cultura humanas. Se cremos que a salvação é realmente abrangente, precisamos corporificar a salvação de Cristo em todas as áreas da vida e cultura humanas.[6]

---

2 FRAME, *A doutrina da vida cristã*, p. 207.

3 WOLTERS, *A criação restaurada*, p. 20.

4 Para saber mais, leia: CLOUSER, Roy. *O mito da neutralidade religiosa: um ensaio sobre a crença religiosa e seu papel oculto no pensamento teórico* (Brasília: Monergismo, 2020).

5 Ibid., p. 20.

6 GOHEEN; BARTHOLOMEW, *Introdução à cosmovisão cristã*, p. 191.

60 *Click sem bait*

Em tudo o que fazemos, de relacionamentos ao entretenimento, Cristo é o Senhor. Precisamos reconhecer essa verdade e assumirmos o compromisso de vivermos de acordo com ela. De igual modo, se cremos que a salvação não é apenas para almas, precisamos expressá-la na totalidade da nossa existência.

✳ CAPÍTULO 7 ✳

Um passeio lá fora: o esboço de uma ética não cristã do marketing

O poeta pena quando cai o pano
E o pano cai...
Acordes em oferta, cordel em promoção
A prosa presa em papel de bala
Música rara em liquidação

"Pena", de O Teatro Mágico

É importante ter clareza do que distingue a ética cristã de outras abordagens — e porque, para os seguidores de Jesus, as demais opções são insuficientes.

Em termos gerais, há diferentes concepções de ética. De acordo com a linha normativa, ela é "a investigação racional ou teoria dos padrões do correto e do incorreto, do mal e do bem, a respeito do caráter e da conduta, que uma classe de indivíduos deve aceitar".[1] As vertentes social e religiosa, por sua vez, já a entendem como "um conjunto de doutrinas sobre o correto e o incorreto, o bem e o mal, a respeito do caráter e da conduta"[2] que não é determinado exclusivamente pela racionalidade. Em todas, entretanto, a ética trata do certo e do errado.

---

1   MAUTNER, Thomas. *Dicionário de filosofia* (Lisboa: Edições 70, 2011), p. 276.

2   Ibid., p. 277.

Click sem bait

O problema é que cada abordagem ética é determinada pelo ponto de partida, compromisso fundamental e noção de realidade de cada linha. Para nós, cristãos, deve-se considerar a necessidade de um absoluto, o próprio Deus, e sua revelação nas Escrituras.

A ética na perspectiva externa

No que diz respeito ao marketing, de acordo com André D'Angelo:

> Os parâmetros para orientar as ações das companhias estariam expressos na legislação, nos códigos de conduta, nos movimentos de defesa do consumidor e na própria pressão da sociedade civil, via outros canais de manifestação (imprensa etc.).[3]

No entanto, "agir conforme desejos e vontades do consumidor — e, por vezes, até da sociedade — não significa, necessariamente, agir de maneira ética".[4] Isso é muito interessante, porque é comum acharmos que o cliente tem sempre razão. D'Angelo nos ensina que o público, o consumidor ou a sociedade não são absolutos, o que encontra ressonância com a fé cristã. Ainda que atender o consumidor ou contribuir com o bem comum seja importante, e ainda que reconheçamos o protagonismo do público, não pode ser absolutizado como o critério para a tomada de decisões éticas, pois seria reducionista.

A ética na perspectiva interna

Miguel Normanha Filho defende que o marketing é ético quando há coerência entre o que uma marca acredita e sua prática; quando é norteado por missão, visão e valores. Mas, apesar de ser verdade que ações devem refletir discursos, esse não pode ser o único critério ético. O fato de ações irem de acordo com o que acredito não significa que elas são corretas.

> A ética no marketing está inserida na ética dos negócios que é definida implícita ou explicitamente na missão da organização, e o marketing possui seu plano de ação atrelado ao planejamento estratégico da empresa.[5]

Como, então, podemos definir o que é certo e o que é errado no marketing?

---

3 D'ANGELO, André. "A ética no marketing", *Revista de Administração Contemporânea*, Maringá (PR), v. 7, n. 4, p. 55-75, out/dez, 2003. Disponível em: https://doi.org/10.1590/S1415-6555200300 0400004.

4 Ibid., p. 68.

5 NORMANHA FILHO, M. A. "Ética no marketing: ação isolada ou do negócio", *Revista de Estudos Universitários*, [S. l.], v. 30, n. 2, 2016, p. 112.

A ética como um dos aspectos da realidade

É claro que essas não são as únicas propostas éticas, mas as apresentadas conduzem ao reducionismo e ao relativismo. Mesmo conciliando as questões externas, como legislação e códigos de defesa do consumidor, com as internas que indicam a harmonia entre crenças e prática, seria insuficiente. Para resolver esse problema, é preciso de um fundamento absoluto no qual a ética esteja baseada.

O filósofo holandês Herman Dooyeweerd propôs uma articulação do que chama de aspectos modais,[6] os diferentes modos de ser e existir de cada coisa.[7] São os aspectos quantitativo, espacial, cinemático, físico, biótico, sensorial, lógico, histórico, simbólico, social, econômico, estético, jural, ético e confessional.[8]

Para exemplificar, Kalsbeek usa a notícia de um incêndio criminoso em duas fazendas:

> Um incendiário ateou fogo em duas fazendas. Apenas alguns animais puderam ser salvos dentre o gado. A extinção completa do fogo foi impedida por duas dificuldades: os limites da fazenda não estavam conectados ao sistema de água e os canais e poços estavam cobertos por uma grossa camada de gelo. As famílias desabrigadas foram recebidas pelos vizinhos. Os danos foram cobertos por uma seguradora.[9]

A partir dela, podemos analisar:

- as duas fazendas e a quantidade específica de pessoas afetadas pelo incêndio (aspecto quantitativo);
- a ameaça de que o fogo espalhasse para outras propriedades vizinhas (aspecto espacial);
- o movimento do fogo, que foi de um ponto focal a uma área mais abrangente (aspecto cinemático);
- a evaporação da água ao tentar conter o fogo (aspecto físico);
- a vegetação e animais que havia nas fazendas (aspecto biótico);

---

6   DOOYEWEERD, Herman. *Estado e soberania: ensaios sobre cristianismo e política*, trad. Leonardo Ramos, Lucas G. Freire e Guilherme de Carvalho (São Paulo: Vida Nova, 2014), p. 25.

7   Dooyeweerd usa o termo técnico "estrutura" para se referir às coisas.

8   Essa ordem não é arbitrária e nem pode ser desprezada, visto que cada aspecto fundamenta o que virá a seguir. Para saber mais, leia: STRAUSS, D. F. M. *Philosophy: discipline of the disciplines* (Grand Rapids: Paideia Press, 2009). Trata-se de uma obra com contribuições contemporâneas ao que Dooyeweerd propôs.

9   KALSBEEK, L. *Contornos da filosofia cristã* (São Paulo: Cultura Cristã, 2015), p. 31.

64 *Click sem bait*

- a dor sofrida pelos animais que foram atingidos (aspecto sensorial);
- o planejamento das ações dos bombeiros para terem a maior efetividade possível no combate ao incêndio (aspecto lógico);
- o uso de equipamentos criados para combater o incêndio (aspecto histórico);
- a comunicação entre os bombeiros para atuarem de forma coordenada (aspecto simbólico);
- o esforço dos vizinhos em ajudar a conter o fogo (aspecto social);
- as perdas materiais provocadas pelo fogo (aspecto econômico);
- a cena das chamas em plena noite registradas por fotojornalistas (aspecto estético);
- o julgamento e as penas aplicadas sobre o criminoso que provocou o incêndio (aspecto jural);
- a indignação dos vizinhos ou o auxílio às vítimas (aspecto ético);
- e o conforto que uma das famílias teve ao levar tal situação dramática a Cristo em oração (aspecto confessional).

Com isso, Dooyeweerd mostra que todas as coisas da nossa realidade possuem inúmeros aspectos. Toda vez que se reduz algo a um deles, caímos no reducionismo e empobrecemos nossa realidade complexa.

Mais ainda, os diferentes aspectos se interrelacionam entre si e nenhum deles pode ser isolado na nossa experiência.[10] Isso significa que a ética é um dos diferentes aspectos do marketing e se relaciona com os demais. É muito mais complexo do que apenas olhar "para fora" ou "para dentro", conforme as propostas anteriores.

- Em seu aspecto quantitativo, uma ação de marketing é algo concreto que existe no tempo, e não apenas uma ideia abstrata. Também podemos nos perguntar se uma estratégia adotada pode ser mensurada ou o quão abrangente serão seus impactos.
- Por meio do aspecto espacial, analisamos se todas as etapas estão coerentes e conectadas.
- O aspecto cinemático determina se o fluxo de dados ou do usuário dentro de uma determinada jornada de compra está funcionando.
- De acordo com aspecto físico, ações podem ter impacto indireto no meio ambiente (emissão de carbono, poluição sonora etc.).

---

10 Se isolarmos um determinado aspecto, estaremos fazendo uma abstração. Isso pode ser desejável, por exemplo, em um trabalho analítico, no qual um aspecto da realidade é isolado para fins de estudo. No entanto, na nossa experiência ordinária, não há esse isolamento.

Um passeio lá fora: o esboço de uma ética não cristã do marketing **65**

- O aspecto biótico aparece quando questionamos como uma ação afeta a vida e a saúde das pessoas envolvidas.

- O aspecto sensorial diz respeito aos sentimentos que o marketing provoca, como ansiedade, estresse, alegria ou prazer.

- O aspecto lógico determina se está claro ao consumidor o que lhe é oferecido.

- Já o aspecto histórico mensura a contribuição do marketing para nossa formação e nosso desenvolvimento cultural.

- O aspecto simbólico diz respeito à clareza da linguagem, da mensagem veiculada ao público; por exemplo, se o texto de uma newsletter é compreensível, acessível e transparente.

- O aspecto social são os impactos de uma ação nas partes envolvidas. Por exemplo, se a promessa de um produto é cumprida de maneira relevante e satisfatória ou condiz com o contexto social.

- O aspecto econômico é relativo à precificação, se há abuso na oferta anunciada ou algum tipo de excesso.

- O aspecto estético diz respeito à escolha de cores, tipografia e layout, e se eles ajudam ou atrapalham o consumidor.

- Mencionado anteriormente, o aspecto jurídico preza pelas práticas e ações adequadas à legislação.

- Ênfase do livro, o aspecto ético avalia se há interesse genuíno pelo bem do outro no que diz respeito a como algo está sendo oferecido.

- Por fim, o aspecto confessional diz respeito à crença ou ao compromisso do que está sendo promovido; em outras palavras, se a ação é movida por uma fé legítima ou idólatra.

Perceba como há muitas coisas envolvidas! Nosso trabalho enquanto profissionais do marketing é complexo e desafiador. Temos que nos atentar para não cair em nenhum reducionismo.

Por isso, as abordagens não cristãs, ainda que importantes e legítimas, são insuficientes. Diferente da fé cristã, elas valorizam um aspecto em detrimento dos demais, sem contemplar todos eles. Não basta olhar só para os aspectos jural e social, tampouco para o aspecto econômico. É preciso ir além — e é o que faremos daqui em diante.

✳ CAPÍTULO 8 ✳

Delimitando as fronteiras: três grandes escolas de ética não cristãs

Não vai nascer
Porque eu não quero
Porque eu não quero,
e basta eu não querer

"Artemísia", de Carne Doce

Agora que já vimos que as propostas não cristãs de uma ética para o marketing são insuficientes, aprofundaremos, a partir da obra *A doutrina da vida cristã*, de John Frame, em três grandes escolas de ética, nas quais as abordagens mais comuns geralmente estão ancoradas. Tais escolas, no entanto, ainda não nos oferecem uma resposta satisfatória para as questões do reducionismo e do relativismo.

A primeira é a teleológica, ou ética resultante. Pode-se dizer que, grosso modo, é a vertente em que "os fins justificam os meios". De acordo com ela, o mais importante é atingir um objetivo que, uma vez alcançado, determina se uma atitude foi ética, independentemente do que foi feito. Esse objetivo pode ser tanto individual quanto coletivo. Mais ainda, o valor ético é medido pelas consequências, que, em geral, são felicidade e prazer. Assim, as consequências das nossas escolhas determinam se agimos com mais ou menos ética.

A ética teleológica é contrária a regras absolutas, ainda que não seja subjetiva, uma vez que os parâmetros são as consequências. Uma expressão dela é o utilitarismo, como nas relações interpessoais que visam viabilizar um desejo sem compromisso ou mutualidade. Um exemplo concreto se deu em 2016, quando uma corte italiana determinou que roubo de comida não é crime em caso de fome.[1] O critério para a decisão foi a finalidade da ação. O fim justifica o meio. O objetivo justificou a prática.

A segunda escola é a deontológica, entendida como a "ética dos deveres". É uma abordagem que opera a partir de leis fixas predeterminadas e imperativas. Ao contrário da teleológica, nela o mais importante é estar em conformidade com o que foi previamente estabelecido por normas autoritativas. No caso do roubo, já que a lei determina que se trata de um crime, roubar, independentemente do motivo, é errado. A ética deontológica propõe, portanto, a busca por princípios éticos absolutos: regras que devem ser externas e universais, e não pessoais e subjetivas.

Em 2019, um comerciante devolveu uma carteira perdida com mil reais depois de procurar pela dona por um ano.[2] Encontrar um objeto perdido não dá o direito de uso a quem o encontrou, logo, essa pessoa seguiu um padrão universal de moralidade, ainda que o dinheiro encontrado o fizesse feliz ou suprisse alguma necessidade legítima.

Por fim, a ética existencial enfatiza a autonomia do indivíduo. Nas palavras da cantora Pitty, "o importante é ser você".[3] Nessa vertente, o que vale são as motivações individuais, a interioridade. A coerência das motivações com os desejos determina se há ética. Não é necessário uma finalidade ou regra absoluta. Os critérios são individuais. Nesse sentido, uma boa ação é relativa, pois é determinada pelo "verdadeiro eu".

Por exemplo, em 2021, duas gêmeas de 19 anos fizeram cirurgia de readequação de sexo.[4] Elas não agiram a partir de uma crença ou padrão externo a elas,

---

1 "Corte italiana determina que roubo de comida quando se passa fome não é crime", *O Hoje*, 4 mai. 2016. Disponível em: https://ohoje.com/noticia/mundo/n/119062/t/corte-italiana-determina-que-roubo-de-comida-quando-se-passa-fome-nao-e-crime/.

2 "Comerciante devolve carteira perdida com R$ 1 mil após procurar dona por um ano" *Estado de Minas*, 16 set. 2019. Disponível em: https://www.em.com.br/app/noticia/gerais/2019/09/16/interna_gerais,1085520/comerciante-devolve-carteira-perdida-com-r-1-mil-apos-procurar-dona.shtml.

3 Trecho da música "Máscara", interpretada pela cantora Pitty no álbum "Admirável Chip Novo", de 2003.

4 "Gêmeas trans de 19 anos fazem cirurgia de readequação de sexo em SC", *G1*, 12 mar. 2021. Disponível em: https://g1.globo.com/sc/santa-catarina/noticia/2021/02/12/gemeas-de-19-anos-fazem-cirurgia-de-readequacao-de-sexo-em-hospital-de-sc-transicao-exige-acompanhamento-por-dois-anos-diz-especialista.ghtml.

mas apenas conforme suas próprias vontades. Agiram de acordo com a ética existencial, pois fizeram o que queriam e foram coerentes consigo mesmas.

A busca por um padrão moral

Tendo conhecimento dessas três grandes perspectivas éticas, devemos compreender algo para finalizar este capítulo: sempre que negarmos o padrão bíblico, buscaremos um padrão distinto em algum outro lugar que não nas Escrituras:

> [Quem nega o padrão bíblico] precisa buscar objetividade num domínio desconhecido, onde o padrão moral não pode ser conhecido de modo algum, muito menos objetivamente. Busca interioridade ao fazer de cada pessoa o seu próprio padrão moral, mas isso anula toda objetividade e não nos deixa com nada para interiorizar.[5]

John Frame argumenta que, à parte das Escrituras, não há nenhum padrão moral objetivamente conhecido. Quando alguém busca estruturar um novo, acaba apenas codificando aquilo que acredita ser mais adequado ou correto.

Imagine, por exemplo, alguém que considera errado obter qualquer tipo de lucro na venda de um produto. Outra pessoa, ao contrário, considera que, quanto maior o lucro, melhor. Quem está certo? Ambos partem de suas visões pessoais e se justificam em algum elemento da realidade.

Somente as Escrituras nos permitem escapar do relativismo. É somente a fé cristã que oferece um critério absoluto para a existência, visto que o próprio Deus — criador e sustentador de toda a realidade — se revelou a nós por meio da Palavra. Fora da revelação, até mesmo o que aparenta ser mais absoluto é relativo. Nesse sentido, qualquer padrão moral é insuficiente, falho e com algum aspecto de corrupção.

> a lei de Deus é objetiva no sentido de que o seu significado não depende de nós. Ele vem da palavra autoritativa de Deus. Mas Deus não se agrada com obediência meramente externa. Ele quer sua palavra escrita no coração humano, onde ela nos motiva a partir de dentro. [...] Na cosmovisão cristã, os padrões morais são tanto objetivos quanto interiores.[6]

Por um lado, a ética cristã é exterior, porque vem do próprio Deus, de sua Palavra autoritativa. Como Senhor criou toda a existência, nos apresenta e ordena a forma correta de viver. No entanto, Deus não espera de nós uma vida

---

5 FRAME, *A doutrina da vida cristã*, p. 68.

6 Ibid., p. 68.

de aparências. Não basta só cumprir regras. Deus quer que a sua lei esteja escrita e gravada em nosso coração, para que a obediência seja o fruto de uma transformação interior promovida pelo Espírito Santo. Portanto, por outro lado, a ética cristã também tem um aspecto interior. Ela nos apresenta um padrão de vida mais completo do que as três grandes escolas éticas. Primeiro, porque partimos do absoluto, o próprio Deus; segundo, porque não basta mera obediência, aquele fruto da nova vida em Cristo e por meio do Espírito.

✳ *CAPÍTULO 9* ✳

A ética cristã: uma compreensão para a vida

Que Deus me guarde,
pois eu sei que ele não é neutro

"Nego Drama", de Racionais Mc's

Se a fé cristã apresenta o melhor padrão ético, é importante entender como ela nos ajuda a discernir entre o certo e o errado.

A questão da consciência

Para começar, temos que considerar, como nos ensina John Frame, que a nossa consciência é a habilidade que Deus nos deu para discernirmos entre o bem e o mal. Porém, "a perversão da consciência leva a um problema ético: devemos sempre obedecer à nossa consciência, ou às vezes devemos desobedecê-la?".[1]

Muitas vezes, agimos de maneira eticamente errada[2] em obediência à consciência corrompida (Tito 1:15). Assim, se ela for o único norte, não haverá garantia de que nossas ações e nossos julgamentos serão sempre coerentes com o padrão bíblico. Afinal, fomos corrompidos pelo pecado.

---

1   FRAME, *A doutrina da vida cristã*, p. 353.

2   Nesse contexto, estou considerando como padrão ético a própria ética bíblica, os padrões normativos revelados por Deus das Escrituras.

Outra opção é desobedecer a consciência para realizar um ato ético. A princípio, isso não seria um problema, exceto pelo fato que as Escrituras condenam tal prática. Em Romanos 14, por exemplo, o autor instrui que cada um respeite a sua própria consciência, pois o que não provém da fé é pecado. Como explica o teólogo F. F. Bruce:

> "Condenar" aqui [versículo 23] significa que o homem que faz algo acerca do que sua consciência fica intranquila, está condenado em seu coração e contrai sentimento de culpa; o homem que faz algo sabendo que é lícito e correto, faz isso "de fé".[3]

Chegamos a uma encruzilhada. Mas Frame apresenta uma alternativa: devemos obedecer a consciência, mas não de qualquer maneira. Nosso desafio, enquanto cristãos, é treiná-la, a partir da revelação do próprio Deus na Palavra, para desejar o que é bom e negar o mal. Devemos seguir nossa consciência contando com a obra santificadora do Espírito e com a graça que refreia a ação do pecado.

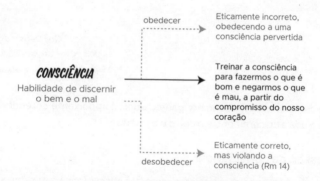

Figura 8: As possíveis relações com a nossa consciência

Somente com o evangelho, disciplinas espirituais e reorientação do coração — o qual, na perspectiva bíblica, é o centro coordenador de nossa vontade, afeições e cognição — podemos de fato usar nossa consciência para discernir o que é bom do que é mau.

---

3   BRUCE, F. F. *Romanos: introdução e comentário* (São Paulo: Vida Nova, 2006), p. 374.

Três perspectivas da ética cristã

A ética cristã que teremos como referência tem riqueza e beleza por lidar com a realidade a partir de três perspectivas diferentes. Mas atenção: não são três possibilidades éticas ou escolas de ética. Não são três alternativas para escolhermos a que preferirmos. São três perspectivas *complementares* de uma mesma questão, como mostra a imagem a seguir.

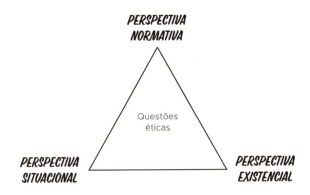

Figura 9: As três perspectivas da ética cristã

As três perspectivas são como vértices de um triângulo: não há como renunciar nenhuma delas. Todas estão em jogo, de forma integrada, quando lidamos com questões éticas. Vamos nos aprofundar em cada uma delas.

A perspectiva normativa foca nas Escrituras, na revelação de Deus por meio da sua Palavra. Ela compreende cada situação a partir do padrão correto e questiona: "O que a Palavra nos diz sobre isso?" Por isso é a perspectiva normativa, pois está fundamentada no aspecto autoritativo da Palavra de Deus.

Já a perspectiva situacional pensa as situações ou os problemas enfrentados. Sua ênfase está na compreensão dos objetivos corretos, ou seja, em entender como alcançar ou cumprir o propósito de Deus em determinado caso.

A perspectiva existencial, por fim, lida com a pessoa, também chamada de "agente ético". Para além do padrão e do objetivo correto, seu foco é a motivação correta. Por meio dela, nos perguntamos como podemos fazer a vontade de Deus.

Talvez você tenha percebido uma certa similaridade entre as três escolas de ética apresentadas no capítulo anterior com essas três perspectivas. Faz sentido, mas há uma diferença. Essa abordagem do triperspectivismo não trata de possibilidades distintas e isoladas, e sim diferentes pontos de vista sobre uma mesma coisa.

Dessa forma, ao lidarmos com uma questão ética, devemos nos perguntar:

- na perspectiva normativa, qual é o padrão bíblico correto?
- na perspectiva situacional, qual é o objetivo correto?
- na perspectiva existencial, qual é a motivação correta?

Não basta seguir a Bíblia com a motivação errada, por exemplo. Ou atingir o objetivo correto, mas fugir do padrão bíblico. Ou ainda ter a motivação correta, mas o objetivo errado. Por isso essa abordagem é tão rica, nos livrando de uma visão reducionista da realidade, de nós mesmos e de nossas ações.

A importância da Palavra

A ética cristã, portanto, está ancorada na Palavra. Ela nos fornece a orientação e o conhecimento adequado a respeito do que Deus espera de nós, de como ele quer que vivamos. Nesse sentido, o filósofo Willem Ouweneel diz que "essa revelação divina, que está contida na Bíblia, não nos dá apenas a verdade mais elevada acerca de Deus, mas também a maior verdade sobre o homem, sobre nós mesmos".[4]

A revelação normativa de Deus na sua Palavra é fundamental para uma ética cristã. Não basta apenas compreendermos o mundo ao nosso redor — isso, talvez, até mesmo autores que não são cristãos podem nos auxiliar, embora não plenamente —, mas também o ser humano.

Temos que entender nossa condição de criaturas em um mundo corrompido pelo pecado que podem ser redimidas através de Cristo e da santificação por meio da obra do Espírito. O conhecimento sobre tudo isso se dá por meio das Escrituras. Como nos lembra Steve Turner, a Bíblia é mais que um mero manual. Nela, encontramos orientações para uma profunda compreensão da realidade:

> O que a Bíblia nos fornece é, na verdade, mais substancial do que um minucioso manual. Ela apresenta doutrinas básicas que podem ser aplicadas a qualquer forma artística em qualquer época [...]. As doutrinas da criação, queda e redenção são fundamentais para toda a compreensão cristã.[5]

Nas Escrituras, não há tudo o que devemos fazer, pois seria anacrônico — como a Bíblia poderia tratar do marketing, surgido pouco mais de cem anos atrás, por exemplo? —, inclusive porque a vida é muito complexa e dinâmica, sempre em constante transformações e com novos dilemas a cada dia.

---

4 OUWENEEL, Willem. *Coração e alma: uma perspectiva cristã da psicologia* (São Paulo: Cultura Cristã, 2014), p. 9.

5 TURNER, Steve. *Cristianismo criativo? Uma visão para o cristianismo e as artes* (São Paulo: W4 Editora, 2006), p. 87.

No entanto, a Palavra de Deus contém todos os princípios necessários para lidar com qualquer parte da existência. O desafio — e por isso a teologia é tão importante — é compreendê-los e aplicá-los aos problemas contemporâneos, sempre tendo as Escrituras como fundamento.

Por isso, não é porque o apóstolo Paulo não trata sobre marketing em suas cartas que devemos ignorar a Bíblia ao abordá-lo. A Palavra nos fornece o que precisamos saber para lidar com nosso trabalho, cabendo a nós a tradução desse conhecimento que vem de Deus para nosso contexto.

As características da Palavra

De acordo com John Frame, as Escrituras possuem seis características[6] fundamentais que precisamos compreender. Por sua vez, elas são divididas em dois grupos: qualidades da Escritura como discurso divino (poder, autoridade e clareza) e importância das Escrituras para as nossas decisões (abrangência, necessidade e suficiência). Explicarei brevemente cada uma delas.

Qualidades das Escrituras como discurso divino	Importância das Escrituras para as decisões
1. Poder	4. Abrangência
2. Autoridade	5. Necessidade
3. Clareza	6. Suficiência

A primeira característica é o poder. A Palavra não apenas diz, mas também faz.[7] Ela não apenas comunica algo, mas também molda e transforma seus leitores. Mais do que um texto frio e impessoal, como qualquer outro livro impresso, é a presença de Deus entre nós.

A segunda característica é a autoridade. A Palavra tem autoridade suprema, e temos a obrigação ética de crer[8] e também obedecê-la. Se somos

---

6   FRAME, *A doutrina da vida cristã*, p. 154.

7   O conceito de "atos de fala" é importante aqui. Significa que a elocução de uma frase não serve apenas para descrever um estado de coisas, mas também para realizar uma intenção. Segundo Vanhoozer, "os atos de fala são tanto propositivos (porque toda comunicação tem conteúdo), quanto pessoais (porque os falantes fazem coisas com o conteúdo propositivo)". Para saber mais, leia: VANHOOZER, Kevin J. *O drama da doutrina: uma abordagem canônico-linguística da teologia cristã*, trad. Daniel de Oliveira (São Paulo: Vida Nova, 2016).

8   No Credo Apostólico, o uso do termo "creio" significa não apenas "acreditar na existência", mas "assumir um compromisso". Ao confessarmos que "cremos em Deus Pai", por exemplo, estamos dizendo que não apenas acreditamos em sua existência, mas principalmente que assumimos um compromisso com ele.

cristãos e acreditamos em Deus, precisamos obedecer às Escrituras, que são a revelação normativa do próprio Criador e, portanto, possuem autoridade sobre nossa vida.

A terceira característica é a clareza. As Escrituras são claras sobre o que precisamos saber para garantir nossa salvação. Aqui, é importante fazer uma ressalva para evitar quaisquer confusões: é evidente que há questões que demandam um estudo mais aprofundado, e o fazemos por meio do trabalho teológico. No próprio texto de 2Pedro 3:16, o autor diz que Paulo escreveu "coisas nas quais há pontos difíceis de entender". No entanto, em relação à salvação, não há dúvidas.

A quarta característica é a abrangência. A Bíblia inteira é relevante, e para todas as partes da vida. A Verdade está em toda a extensão da Palavra e diz respeito a tudo o que somos e fazemos. Saber disso nos livra de dois erros comuns: primeiro, pensar que apenas o Novo Testamento tem validade, fragmentando a Palavra e selecionando apenas o mais conveniente ou palatável (grande equívoco!); segundo, pensar que ela trata apenas sobre nossa "espiritualidade", aos momentos devocionais ou ao culto dominical. Isso também é um problema!

A quinta característica é a necessidade. A Palavra é necessária para a vida cristã e não podemos viver sem ela. Não há, em outro lugar, os princípios norteadores para a salvação, para a vida, para a compreensão da realidade e para conhecermos o Senhor. Deus escolheu a Palavra para se revelar e se comunicar com o seu povo.

A sexta e última é a suficiência. Embora esse talvez seja o ponto mais controverso, as Escrituras ensinam tudo o que precisamos para glorificarmos Deus por meio de nosso modo de viver. "Para nós, hoje, todas as Escrituras Cristãs, de Gênesis a Apocalipse, são nossa Palavra de Deus, suficiente para ensinar como viver nossas vidas."[9] Se renunciarmos a isso, nada do que proponho adiante fará sentido.

Visto que tomamos ciência dessas seis características, Frame ressalta uma consequência fundamental delas, sobretudo para o propósito deste livro:

> A clareza da palavra de Deus exige de nós responsabilidade. Se a desobedecermos ou não crermos nela, não podemos reclamar que Deus não falou claramente. [...] A Escritura, portanto, é suficientemente clara para nos responsabilizar pelo cumprimento dos nossos deveres para com Deus.[10]

---

9 LAMBERT, Heath. *Teologia do aconselhamento bíblico*, trad. Airton Williams Vasconcelos Barbosa (Eusébio: Peregrino), 2017, p. 51.

10 FRAME, *A doutrina da vida cristã*, p. 159.

O autor inverte o jogo: se partimos do pressuposto de que a Palavra é clara para nós, então somos responsáveis por nossas ações, inclusive se desobedecermos ao padrão bíblico. Somos indesculpáveis. O conhecimento da Palavra exige de nós um compromisso:

> [...] não é o controle de Deus sobre nossas ações que diminui nossa responsabilidade. Antes, o que destrói nossa responsabilidade são as cosmovisões que negam o controle de Deus e afirmam a liberdade libertária. O controle de Deus apoia nossa responsabilidade ao fornecer um contexto pessoal, o único no qual nossas escolhas podem ter significado.[11]

Deus não é uma abstração ou um objeto. Ele é um ser pessoal, relacional e se fez conhecido por meio da obra de Cristo e da iluminação do Espírito — as outras duas pessoas da Trindade. Assim, nossa relação com Deus e com sua revelação na Palavra não é de mero destinatário. Antes, somos participantes da história cósmica. Deus se comunicou e veio até nós, e agora nós o respondemos com nossas palavras e ações. Nesse sentido, Vanhoozer nos lembra que "a tarefa da teologia é garantir que nos enquadremos na ação de um modo que estejamos seguindo Jesus Cristo, e não nos opondo a Ele."[12]

Diante disso, é importante compreendermos que Deus, o criador, sustentador e redentor de toda a realidade, estabeleceu as chamadas leis universais da Criação.[13]

O primeiro conjunto delas é o das leis da natureza, pelas quais ninguém é responsável e às quais só resta obedecer. Um exemplo é a gravidade — se você joga uma pedra, ela cai. O mesmo vale para nós, pois há uma lei natural sendo aplicada.

Essa categoria de lei não implica em compromisso moral. Se vamos a um túnel de vento para experimentar a sensação de estarmos em gravidade zero, não há um problema, nem significa que a gravidade deixou de existir. Ela continua ativa e exercendo sua influência, mesmo que estejamos utilizando um recurso artificial para, em certo sentido, anulá-la.

O segundo conjunto é o das normas, que são complexas e podem ser violadas, logo, somos responsáveis por aplicá-las ou não. Ao obedecê-las, somos justos e, ao ignorá-las, injustos. Quando agimos de acordo com o que Deus espera de nós, estamos respondendo corretamente às normas que ele estabeleceu na sua Criação.

---

11 Ibid., p. 68.

12 VANHOOZER, *O drama da doutrina*, p. 73.

13 WOLTERS, *A criação restaurada*, p. 27.

O problema das adiáforas

Adiáforas, segundo John Frame, são coisas consideradas indiferentes.[14] Do ponto de vista ético, não são certas nem erradas. Sobre isso, André D'Angelo faz um comentário após citar o filósofo Arthur Gianotti:

> Em artigo publicado na *Folha de S.Paulo* em maio de 2001, o filósofo José Arthur Gianotti escreveu que "os atores da política e da economia se movem num espaço de certa amoralidade". Isto não significaria necessariamente que fraudassem as regras estabelecidas, mas sim que "aproveitassem brechas legais para inaugurar o espaço da invenção", cabendo ao público julgá-los. O mundo dos negócios, e as práticas de marketing especialmente, parecem respeitar lógica semelhante.[15]

Segundo a perspectiva de D'Angelo, há campos amorais — e o marketing seria um deles —, em que determinadas práticas não devem ser julgadas como boas ou ruins. Porém, se toda a realidade criada está sobre o domínio e a sustentação do Criador, o qual estabeleceu leis universais, há espaço para as adiáforas?

O modo mais adequado de responder essa pergunta é tirando o foco dos espaços amorais. Todo sistema ético, seja ele qual for, inclusive o cristão, terá uma determinada amplitude em relação às áreas e à profundidade das questões que consegue iluminar, como mostra a figura a seguir:

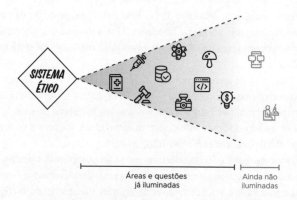

Figura 10: Áreas iluminadas por um sistema ético

Isso não significa que as áreas não abrangidas por tal sistema ético são amorais, apenas que devemos expandi-lo para lidar com elas também, de

---

14 FRAME, *A doutrina da vida cristã*, p. 175.
15 D'ANGELO, *A ética no marketing*, p. 67-8 (grifo nosso).

modo que há mais trabalho a ser realizado e novas reflexões a serem propostas. O marketing é um ótimo exemplo, pois se trata de uma disciplina que, quando olhamos para um quadro mais amplo, é recente; possui pouco mais de cem anos. É muito provável — quase óbvio, na verdade — que não havia estudos éticos que o norteassem quando foi criado. Não é que ele é amoral, mas que ainda não havia sido visto pela lente da ética. Assim, em vez de dizer que áreas ou práticas são amorais (não pautadas pelo certo e errado), propomos que apenas falta lidar com os temas.

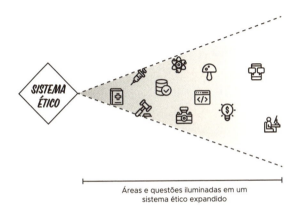

Áreas e questões iluminadas em um
sistema ético expandido

Figura 11: Sistema ético expandido, abrangendo novas áreas

O que o filósofo Arthur Gianotti chama espaços de amoralidade poderia ser mais bem compreendido como lacunas morais.[16] Ao contrário dos campos onde não há certo ou errado, as lacunas morais pressupõem haver, sim, critérios éticos, mas que ainda não sabemos quais são, o que nos livra do relativismo e nos impele a um trabalho investigativo em busca da resposta. Frame reforça que, do ponto de vista da ética cristã, portanto, não há relativismo quanto àquilo que fazemos:

> [...] há alguma ação humana que seja eticamente indiferente? Quando glorificamos a Deus, agimos certo; quando não, agimos errado. Não há espaço para uma terceira categoria. Nenhuma ação humana é indiferente para Deus".[17]

Para Deus, portanto, não há questões imparciais. Nem no marketing.

---

16 Créditos ao amigo e filósofo Douglas Quintiliano, que me apresentou esse conceito durante uma conversa que tivemos sobre o assunto.
17 FRAME, A doutrina da vida cristã, p. 176.

TERCEIRA PARTE

✳ CAPÍTULO 10 ✳

Queda: a corrupção de toda a vida

> Olhe bem nos olhos de uma mãe solteira
> Que foge da fome e das bala perdida
> Cadê as suas dez dicas pra ser milionário?
> E discurso de coach pra vencer na vida?
>
> **"Dai a Cesar o que é de Cesar", de Cesar MC**

Antes de aprender como a Queda afeta o marketing, vamos abordá-la em termos gerais, mostrando a abrangência do seu impacto. É apenas dando a devida dimensão a ela que temos uma noção mais adequada da grandiosidade e do alcance da obra redentora de Cristo. Os teólogos David Hall e Matthew Burton falam os efeitos da Queda na economia, mas podemos estender sua reflexão para outras áreas da vida:

> Contrária à economia perfeita anterior à queda, nossa cultura econômica herdada é caracterizada por corrupção, labuta, opressão, vingança e ira divina. A condição econômica que uma vez foi harmoniosa suporta hoje iniquidades e desarranjos extremos.[1]

Os autores não poupam palavras para qualificarem as consequências do pecado: "corrupção, labuta, opressão, vingança e ira divina". A economia, no padrão divino, é boa! Mas, em um mundo pós-Gênesis 3, traz "iniquidades e desarranjos extremos". Essa é a realidade em que estamos. Por isso, é importante entender a relação entre Criação, Queda e redenção.

---

1 HALL; BURTON, *Calvino e o comércio*, p. 64.

Criação, Queda e redenção

Essas três palavras, para muitos, não são novas. Elas formam um breve resumo da narrativa bíblica. É um modelo didático que nos ajuda a compreender os três grandes atos da história — na qual precisamos situar a Queda.

O primeiro ato é a Criação. Deus criou o mundo e tudo que nele há; deu forma à existência e viu que tudo era muito bom (Gênesis 1:31). Depois veio a Queda, quando a Criação foi afetada pelo pecado (Gênesis 3:6-24), que a distorceu e corrompeu. Por fim, no terceiro e último ato, está a redenção. Cristo concluirá a obra que começou, restaurando a realidade e extinguindo o mal das coisas.

Figura 12: Estrutura Criação-Queda-Redenção

Podemos ver essa estrutura na economia, para seguir o exemplo de Hall e Burton. A economia, enquanto um modo de ser do ser humano, faz parte da Criação. Idealmente, o uso dos recursos econômicos e naturais deveriam promover a justiça e o bem comum. No entanto, por conta do pecado, o ser humano se tornou ganancioso e egoísta. A má utilização dos recursos passou a gerar complexas desigualdades sociais. Mas nem tudo está perdido, dado que esse drama só se encerra com a redenção. Pela obra de Cristo, que será consumada num tempo futuro, a perfeita ordem se restabelecerá.

Essa estrutura da narrativa bíblica deve moldar não apenas nossa forma de enxergar a realidade, mas principalmente de viver nela. Relembrar a Criação nos ajuda a compreender que as coisas foram criadas com bons propósitos. Reconhecer a Queda nos auxilia a identificar o que está errado, as idolatrias que precisam ser denunciadas e os aspectos corrompidos a serem rejeitados. Ter esperança na redenção nos induz a um modo de viver e agir que vai na contramão do espírito do nosso tempo, apontando para a obra que Cristo concluirá.

Hall e Burton nos lembram de que, em virtude da corrupção do nosso coração pelo pecado, precisamos de leis civis para organizar a sociedade. Só assim a maldade, que agora é intrínseca à humanidade, poderá ser minimamente contida. Tais leis podem ser mais ou menos adequadas às leis do próprio Deus, que independem da Queda, visto que não somos seres autônomos:

Por que, então, temos leis e estatutos? Devido à iniquidade do homem, pois ele está constantemente transbordando o mal [...]. Se os homens não tivessem pecado, não seriam necessárias quaisquer responsabilidades fiscais ou estruturas externas.[2]

A lei é o amparo legal que ajuda a minimizar nossas más atitudes, sobretudo no que diz respeito à nossa relação com o outro, já que o nosso coração, após Gênesis 3, se inclina para o mal (Marcos 7:21-23):

> Os efeitos do pecado tocaram toda a Criação; toda coisa criada está, em princípio, tocada pelos efeitos corrosivos da Queda. Se examinarmos as estruturas da sociedade [...] veremos que o bom trabalho da mão de Deus foi arrastado para a esfera da rebelião humana contra Deus.[3]

Wolters nos lembra de algo importante! Não raro, caímos no reducionismo de pensar que o pecado está apenas relacionado à vida religiosa, à salvação das pessoas. Contudo, ele corrompeu toda a Criação, que, como vimos, inclui as estruturas sociais.

Quando encaramos o pecado nessa perspectiva mais ampla, podemos nos livrar de uma visão ingênua e romântica. Por outro lado, isso também nos traz um maior senso de graça e esperança em relação à obra de Cristo. Se o pecado afetou toda a Criação, a redenção de Jesus também será para toda a Criação: seres humanos, natureza e estruturas sociais.

Estrutura e direção

Dificilmente alguém discordaria que muitos dos recursos tecnológicos difundidos, como a internet móvel, computadores, o sistema de posicionamento global (GPS) ou um tomógrafo são benéficos e contribuem para a nossa vida. Mas a Queda também afetou os desenvolvedores e engenheiros, e muitas vezes seus projetos apontam para a corrupção do pecado. Por exemplo, as *deepfakes*,[4] que podem comprometer alguém, manchando sua reputação pública e afetando seus relacionamentos ou emprego.

O mesmo se dá com a arte. Dificilmente alguém discordaria que arte é algo bom. Uma ópera no Teatro Colón é espetacular, por exemplo. Está tudo ali: a grandiosidade da arquitetura, a beleza da interpretação musical, a maestria dos instrumentos. Mas o pecado também distorce e corrompe a produção

---

2 Ibid., p. 65.

3 WOLTERS, *A criação restaurada*, p. 58.

4 Tecnologia, baseada em inteligência artificial, usada para inserir uma pessoa em um vídeo no qual ela não participou na gravação original.

86 *Click sem bait*

artística, como na polêmica exposição "Queer Museum", que aconteceu há alguns anos aqui no Brasil, em que representações de sexualidade e questões de gênero geraram críticas massivas, e com razão. A capacidade criativa que o próprio Deus concedeu ao ser humano foi — e continua sendo — utilizada para se rebelar contra ele.

Isso também acontece com a alimentação. Quem acharia que um bom prato ou aquela sobremesa inigualável é ruim? Apreciamos boas experiências gastronômicas. Não por acaso, programas de televisão ou reality shows de comida fazem tanto sucesso. Porém, encontramos nos fast-foods os efeitos da Queda. Nutricionistas enfatizam o quão prejudiciais são à saúde, ainda que sejam gostosos.

Tudo isso para mostrar que: "O pecado não destrói a criação: o mundo da cultura humana continua sendo parte da boa Criação de Deus, mas o pecado corrompe e polui".[5] Ele não tem o poder de destruir algo criado pelo Senhor, mas pode deformá-lo e direcioná-lo para o mal.

De igual maneira, o pecado não destrói a comunicação, pois ela foi criada e dada a nós por Deus. Mas faz com que ela compartilhe uma visão falsa do mundo:

> Assim, precisamos fazer uma distinção entre o bom propósito criacional em cada coisa criada e o em que essa coisa se tornou como resultado da força deformadora e corrompedora do pecado.[6]

Essa distinção proposta por Albert Wolters é fundamental, pois nos ajuda a compreender a relação entre a ordem criacional de Deus e o resultado do pecado sobre ela — que, na teologia, chamamos de estrutura e direção.

Estrutura se refere à constituição criacional, o que faz com que determinado objeto ou entidade seja o que é. Diz respeito à coisa no seu sentido mais puro, expressando o propósito pelo qual Deus a criou ou proporcionou seu desenvolvimento. A direção, por outro lado, designa para onde essa estrutura foi levada: o caminho da distorção e da perversão ou da redenção e da restauração. Ou seja, toda estrutura possui uma direção, e nenhuma é neutra.

A diferença entre estrutura e direção é importantíssima para este livro. Ela nos dá um olhar mais amplo e profundo para o marketing em vez de só ficarmos na polarização "bom" ou "ruim", "pode" e "não pode". Ao nos recordarmos que estruturas têm direções diferentes, passamos a não mais descartá-las, mas direcioná-las à ordem criacional de Deus.

---

5 GOHEEN; BARTHOLOMEW, *Introdução à cosmovisão cristã*, p. 85.

6 Ibid., p. 85. (grifo nosso).

Assim, o marketing pode se afastar de Cristo, em desobediência, com distorção e corrupção, ou se aproximar dele, caminhando para a redenção. Nosso desafio é conduzi-lo para a segunda direção, de modo a não abrirmos mão da estrutura. A partir dessa compreensão, precisamos entender qual o nosso papel.

> [Os cristãos] procuram explicitamente e reconhecem a presença da estrutura criacional, distinguindo-a nitidamente do abuso humano ao qual está sujeita.[7]

Cabe a nós, crentes em Jesus, buscarmos intencionalmente as distinções de direção das estruturas de nossa vida. Só então teremos condições de denunciar as idolatrias que se afastam da ordem criacional e direcioná-las ao sentido adequado, conforme os padrões bíblicos.

O problema da autodeterminação econômica

Bob Goudzwaard nos alerta sobre algo importante no aspecto econômico, mas que também tangencia as questões éticas:

> [Conforme a autodeterminação econômica] os empreendimentos e negócios de hoje não só não precisam se preocupar com questões de ética; na verdade, é insistido que eles não devem se preocupar com essas questões.[8]

Há um pressuposto de que determinado empreendimento não deve se preocupar com ética pelo simples motivo de ser uma iniciativa econômica. Assim, sua função é ser o mais rentável e enxuto para gerar o maior lucro possível. Ou seja, a preocupação dos negócios, a partir da autodeterminação econômica, é ser o mais eficiente possível dentro dos limites legais, e questões sociais, éticas ou jurídicas são tidas como responsabilidade de outras áreas. Não dos negócios!

Temos que reconhecer de imediato que tal estrutura está orientada para pecado em vez da redenção. Evidente que um empreendimento é norteado pelo lucro. No entanto, ele deve também ter responsabilidades ou, no mínimo, preocupações com seu impacto no mundo. Referimo-nos, por exemplo, ao bem-estar das pessoas envolvidas, à responsabilidade ambiental ou à justiça social que promove ou deixa de promover. Ainda que, em alguma lógica secular, pensar assim não faça sentido, para nós, cristãos, faz.

---

7   WOLTERS, *A criação restaurada*, p. 87.

8   GOUDZWAARD, *Capitalismo e progresso*, p. 222.

✳ *CAPÍTULO 11* ✳

Pressão, coerção e manipulação

> *Pense, fale, compre, beba*
> *Leia, vote, não se esqueça*
> *Use, seja, ouça, diga*
> *Tenha, more, gaste, viva!*
>
> **"Admirável Chip Novo", de Pitty**

Em 2017, o portal *Reclame Aqui*[1] promoveu um festival de música chamado On Hold Festival. Bandas de destaque no cenário do rock nacional se apresentaram em alguns pontos da cidade de São Paulo. Sua grande diferença foi o que motivou sua criação e as músicas tocadas. Realizado no Dia do Consumidor, o festival aconteceu diante de sedes das empresas com maior quantidade de reclamações ou tempo de espera para atendimento telefônico. Assim, as bandas tocaram jingles telefônicos em alto som, cada uma no seu estilo musical, justamente para chamar a atenção e dar visibilidade a esse problema na mídia. Toda a ação foi transmitida ao vivo através do YouTube e de mídias sociais.

A frustração das "boas promessas"

Uma rápida pesquisa em sites de reclamações evidencia a experiência negativa de clientes com empresas. Recomendo parar a leitura neste exato momento para acessar o *Reclame Aqui* e ver os comentários do público. Em uma

---

1   O site se define como "a maior plataforma de resolução de conflitos entre consumidores e empresas da América Latina." Acesse em: https://www.reclameaqui.com.br

Click sem bait

determinada pesquisa pelo site, encontrei uma reclamação a respeito de um contrato abusivo, em que o consumidor escreveu o seguinte:

> [Nome da companhia] é uma empresa que desrespeita a legislação, além de tratar o consumidor como palhaço. Adquiri um plano para o celular da minha empresa. Quando fui contactado, fui informado da eficiência do plano; que se tratava de um plano muito bom. Resultado por vários meses: o celular nunca chegava a uma velocidade razoável em pleno centro de São Paulo. Até que chegou o dia que desistir e decidi cancelar o plano. Para minha surpresa e da legislação, a rescisão de contrato a multa a ser paga seria de 2,5 mil reais, mais ou menos. Engraçado que a legislação relata que só pode ser cobrado 10% do valor a ser pago. Os atendentes supergrossos (tenho número de protocolo para confirmar) só relatam que eles não têm obrigação de prestar um bom serviço (como assim?). E sou obrigado a pagar a multa nesse valor. Já entrei no Procon agora e vou entrar com advogado, pois não posso permitir que minha empresa, que é íntegra, tenha o nome sujo por outra que não respeita o consumidor.[2]

Segundo o relato dessa pessoa, ela procurava um plano de celular para sua empresa e recebeu a informação de que aquele oferecido pela companhia em questão era muito bom. Então, ao contratá-lo, não teve o resultado que esperava, com uma conexão ruim. Ele buscou suporte na companhia e, segundo o seu relato, os atendentes disseram que "não tem obrigação de prestar um bom serviço". Assim, tentando cancelar o serviço, foi cobrada uma multa incompatível com a legislação. Para fins do nosso estudo, vamos presumir que a reclamação seja totalmente verdadeira. Nesse caso, vemos pelo menos três problemas éticos: primeiro, uma promessa ao consumidor para convencê-lo da compra, sem o cumprimento dela; depois, falta de suporte ao cliente; por fim, os mecanismos de retenção não foram explicitados no momento da compra ou adesão.

Ainda que tal situação fosse fictícia, é provável que você ou alguém próximo já tenha passado por algo muito semelhante. Temos um sério problema com relação à qualidade e ao atendimento da telefonia móvel no Brasil. No Reclame Aqui, há uma enorme quantidade de reclamações similares.

A relação com o marketing

O marketing tem tudo a ver com isso. Precisamos lembrar que ele não lida apenas com a divulgação de um determinado produto ou serviço, mas com a precificação até a logística, da concepção ao pós-venda.

---

2 Embora a reclamação esteja pública no portal Reclame Aqui, preferimos ocultar o nome da empresa citada por questões éticas. Todo o restante da reclamação está na íntegra, conforme se encontra no site, inclusive com os erros de digitação originais.

Seth Godin é um dos autores contemporâneos mais importantes do marketing, sobretudo pela postura crítica em relação às práticas que se tornaram conhecidas nos últimos anos. Segundo ele,

> O marketing tradicional usa pressão, isca e troca, e quaisquer métodos coercitivos disponíveis para fazer a venda — para ganhar o cliente, receber o dinheiro, assinar na linha pontilhada.[3]

Como já vimos, estamos lidando com uma disciplina ampla, com diferentes escolas. Não há uma forma única de se fazer marketing, o que demanda a reflexão ética. Por "marketing tradicional", Godin se refere a um conjunto de métodos coercitivos de promoção de venda. Não importa o que se faça, a venda deve ser efetivada a todo custo. Nada mais que isso. Martha Gabriel desenvolve uma importante reflexão sobre essa questão:

> Quando focamos em controlar nosso próprio cérebro para melhorar nossas vidas tomando melhores decisões, estamos atuando na dimensão do desenvolvimento pessoal. [...] O outro caminho é quando passamos a considerar atuar no cérebro dos outros — influenciar públicos para engajar em algum objetivo do nosso negócio: nesse sentido, essa estrada está intimamente relacionada com o marketing, e é aí que entramos em uma área cinzenta e bastante perigosa. Esse caminho deve ser regulado pela ética, porque, sem isso, cruzamos a linha que separa o marketing e a manipulação.[4]

A autora defende que pode haver um problema quando usamos determinados recursos para atuar no cérebro de outras pessoas, influenciando-as. Mas a influência é um problema? Tratarei disso logo adiante. Ela propõe que há uma área cinzenta — lembre-se dos "espaços de amoralidade" apresentados na parte anterior —, e que a ética atua justamente para fazer a distinção entre o que é adequado e o que não é. A grande pergunta a ser feita é: mas qual ética? A partir de quais princípios? Com uma perspectiva teleológica, deontológica ou existencial? Qual é a referência?

> o marketing é a ciência de entender necessidades e desejos de pessoas e atendê-los por meio de troca, o uso do conhecimento do cérebro humano no marketing deve ter como meta conseguir realizar a melhor troca possível [...]. Se não for assim, não é marketing, é manipulação.[5]

---

3   GODIN, Seth. *Isso é marketing: para ser visto é preciso aprender a enxergar* (Rio de Janeiro: Alta Books, 2019), p. 54.

4   GABRIEL, Martha; KISO, Rafael. *Marketing na era digital: conceitos, plataformas e estratégias* (São Paulo: Atlas, 2020), p. 110.

5   Ibid., p. 110.

Um dos objetivos do marketing enquanto ciência, portanto, é tentar compreender as pessoas para atendê-las, oferecendo o que de fato precisam. Isso significa oferecer o que o público deseja em troca de algo, em geral dinheiro. O problema é que essa troca às vezes é injusta. Aí deixa de ser marketing e se torna manipulação!

Persuasão x Manipulação

É importante, portanto, apresentar uma distinção clara entre persuasão e manipulação, termos que parecem sinônimos, mas representam comportamentos muito diferentes. Enquanto persuasão não se refere necessariamente a algo ruim, a manipulação deve ser evitada, denunciada e combatida.

Persuasão[6] é a ação de levar alguém — ou nós mesmos — a crer em algo ou aceitá-lo. É convencimento, a arte de promover uma mudança de ideia ou atitude, mostrando a necessidade ou a conveniência de alguma coisa. Persuadir é aconselhar, apontar e indicar com êxito. Ao divulgar este livro, por exemplo, persuadimos as pessoas a comprá-lo. Queremos mostrar a importância deste conteúdo e sua relevância, mas a decisão final sempre é do público. Isso é muito diferente de manipular.

A manipulação,[7] por outro lado, é uma influência ilegítima, exercida conforme nossos próprios interesses. É quando, em uma certa situação, controlamos alguém em algum nível. E o mais importante: o fazemos falseando ou adulterando a realidade, enganando e mentindo. Por exemplo, se divulgássemos este mesmo livro dizendo que tem quinhentas páginas, endossos dos maiores autores do mundo e as respostas definitivas para qualquer problema envolvendo marketing e fé cristã. Ao fazermos isso para alcançar mais vendas, ainda que com a melhor intenção possível, mentiríamos! Manipulação não é justificável. Também podemos pensar em técnicas mais sutis de manipulação, como o *greenwashing*, prática de criar "uma imagem pública de responsabilidade socioambiental divulgada por uma determinada empresa sem que ela de fato seja uma empresa sustentável".[8] Uma manifestação típica do *greenwashing* é quando um produto tem selos de sustentabilidade, mas não foi produzido de maneira sustentável.

---

6 Michaelis Dicionário Brasileiro da Língua Portuguesa. Disponível em: https://michaelis.uol.com.br/moderno-portugues/busca/portugues-brasileiro/persuadir/.

7 Michaelis Dicionário Brasileiro da Língua Portuguesa. Disponível em: https://michaelis.uol.com.br/busca?r=0&f=0&t=0&palavra=manipular.

8 "Greenwashing: o que é e como identificar a prática da falsa sustentabilidade", *CNN Brasil Business*, 23 ago. 2021. Disponível em: https://www.cnnbrasil.com.br/business/greenwashing-o-que-e-e-como-identificar-a-pratica-da-falsa-sustentabilidade/.

Nos dois casos, a influência está em jogo. A grande diferença está em sua legitimidade. Quando eu mostro a importância de algo a alguém, apresentando seus reais benefícios, estou persuadindo-o ao exercer uma influência legítima. Quando ajo apenas segundo meus interesses, sem pensar no bem do outro e mentindo sobre o que é oferecido, estou manipulando e, portanto, exercendo uma influência ilegítima.

Manipulação no contexto religioso

Segundo o texto de João 16:7-11, é o Espírito quem convence alguém do pecado, da justiça e do juízo. Assim, uma pessoa que comunica o evangelho, seja formalmente em um culto público ou em outro contexto mais informal, emite uma mensagem coerente para persuadir seus ouvintes acerca das verdades compartilhadas. Essa é uma das razões pelas quais estudamos homilética.[9]

Estruturar bem um sermão, organizar os argumentos de forma lógica, elaborar uma aplicação relevante é lícito e desejável. É o que se espera de bons pregadores. Mas, em última instância, o convencimento da verdade, da justiça e do juízo não depende da nossa capacidade retórica, e sim do Espírito.

Há, no entanto, pessoas que prometem algo que extrapola as promessas bíblicas: enriquecimento financeiro, uma vida livre de problemas, dentre outras coisas que já estamos cansados de ouvir. Isso é manipulação. Há uma promessa que não é compatível com o evangelho de Jesus para ampliar o número de fiéis de determinada igreja ou incrementar sua arrecadação. É uma distorção errada. A diferença entre isso e uma pregação persuasiva precisa ficar clara.

---

9   Área de estudo da teologia que trata da pregação do evangelho.

✳ *CAPÍTULO 12* ✳

Gatilhos mentais, efeitos colaterais e spam

Até quando irá durar?
Irão aguentar
Ver sempre os mesmos clichês?
Futilidade eu vou vender

"O Rebelde Virtual", de Pense

Uma nota sobre gatilhos mentais

A pauta dos gatilhos mentais tem presença garantida em diversos cursos, blogs ou palestras sobre marketing, em especial no contexto digital. Na maioria das vezes, seu uso irrestrito é defendido por quem vende e rejeitado pelos consumidores.

Aquilo que popularmente ficou conhecido por "gatilhos mentais" não é uma invenção do marketing. Em algumas abordagens da psicologia, por exemplo, é conhecido como heurística, que se refere às "regras gerais de influência utilizadas pelo decisor para simplificar seus julgamentos em tarefas decisórias de incerteza".[1] Já em abordagens comportamentais, é comum a

---

1   TONETTO, Leandro Miletto et al. "O papel das heurísticas no julgamento e na tomada de decisão sob incerteza", *Estudos de Psicologia*, Campinas, v. 23, n. 2, p.181-19, abr./jun. 2006. Disponível em: https://www.scielo.br/j/estpsi/a/RnbtvVjsY9wgn7FLpxcGGHh/?lang=pt.

96 Click sem *bait*

expressão estímulos discriminatórios,[2] isto é, algo que pode reforçar ou não determinado comportamento do consumidor.

De todo modo, o uso do termo "gatilho mental" soa forçado. Por mais que determinados estímulos possam nos influenciar, eles não geram respostas automáticas e incontroláveis como a palavra "gatilho" sugere. O ser humano é responsável pelas suas ações e decisões, que são orientadas pelo coração. Mais ainda, não há uma precisão no uso do termo no contexto brasileiro.

No entanto, é curioso observar que uma das principais obras sobre o assunto não usa essa expressão. Em *As armas da persuasão*,[3] Robert B. Cialdini fala de atalhos mentais que facilitam a tomada de decisão. Ele os classifica em seis tipos: reciprocidade (retribuir alguém por algo que proporcionou); compromisso e coerência (se comportar de maneira condizente com suas escolhas); aprovação social (busca indícios de escolhas adequadas); afeição (dar preferência a quem gosta ou conhece); autoridade (tendência a respeitar e obedecer autoridades); escassez (considerar mais valioso o que é menos disponível). O próprio autor reforça que o uso desses atalhos deve sempre ser honesto. Forjar dados ou informações para aplicá-los de forma enganosa e exploratória é uma prática digna de repreensão.

> Seu uso pelos profissionais não é necessariamente exploratório. Ele só se torna exploratório quando o desencadeador não é um aspecto natural da situação, mas algo forjado. Para conservar o caráter benéfico da reação de atalho, é importante se opor a essa falsificação.[4]

A desculpa dos efeitos colaterais

Zygmunt Bauman contribui para a discussão ao ressaltar uma consequência ética séria desse tipo de comportamento, o efeito colateral.

> O significado comum dos três conceitos listados acima [danos colaterais, baixas colaterais e vítimas colaterais] é desculpar ações prejudiciais, justificá-las

---

2 SILVA, Carla Simone Castro da. "A utilização de celebridades como estímulo discriminativo, sinalizando reforço informativo, no comportamento de compra de consumidores da construção civil, em Goiânia", Orientador: Dr. Cristiano Coelho. 2011. 83 f. Dissertação (Mestrado), Programa de Pós-Graduação Stricto Sensu em Psicologia, Pontifícia Universidade Católica de Goiás, Goiânia, 2011. Disponível em: https://oasisbr.ibict.br/vufind/Record/PUC_GO_6790101c3ff5a662b2e41dab425a67ff.

3 CIALDINI, Robert B. *As armas da persuasão* (Rio de Janeiro: Sextante, 2012). É curioso perceber a própria escolha na tradução do título do livro, talvez em virtude de um maior apelo comercial. Em inglês, a obra se chama *Influence: Science and Practice* [Influência: ciência e prática, em tradução livre], o que expressa um caráter mais rigoroso em relação ao conteúdo.

4 Ibid., p. 271.

Gatilhos mentais, efeitos colaterais e spam

e eximi-las de punição com base na ausência de intencionalidade. [...] Invocar o argumento da "falta de intencionalidade" tem o objetivo de negar ou isentar a cegueira ética.[5]

Efeito colateral é quando alguém adquire um determinado produto ou serviço que gera algum inconveniente. Alguns argumentam que é natural que isso aconteça, pois é um risco que se corre em qualquer compra. No entanto, Bauman argumenta que reconhecer a situação sem fazer nada não isenta a cegueira ética.

Isso não deveria ser novidade para nós, cristãos. Nas primeiras páginas das Escrituras, há um exemplo arquetípico da terceirização da responsabilidade (Gênesis 3:12-13). Quando Adão foi questionado por Deus sobre ter comido o fruto proibido, sua resposta foi: "A mulher que me deste deu-me da árvore". Ao perguntar à mulher, ela responde: "A serpente me enganou, e eu comi". Segundo Waltke,[6] a resposta de ambos revela uma preocupação com o "eu" ao distorcer a verdade e acusar o outro. Tratar um problema como efeito colateral é uma forma sofisticada de agir como Adão, ou seja, abdicar da responsabilidade sobre algo realizado e direcionar a culpa para um terceiro.

No marketing, o efeito colateral surge ao se comunicar uma falsidade intencionalmente ou deixar de fora alguma informação relevante. Esse primeiro caso é uma manipulação direta — por exemplo, quando um vendedor ressalta uma qualidade que não existe em um produto, ou quando um prestador de serviço que promete elementos não cumpridos, ou quando um comercial não condiz com a realidade. Ao reclamar da falta de resultado, o cliente ouve que não fez o uso adequado. A responsabilidade de quem vendeu é terceirizada para quem comprou. No segundo caso, é uma manipulação indireta, porque decorre de uma omissão. É muito comum em contratos de adesão, em que o cliente é culpado por não ter entendido as entrelinhas de um contrato longo que precisa ser avaliado em poucos minutos sem as devidas explicações relevantes.

Em resumo, portanto, a manipulação pode acontecer de duas formas distintas: diretamente, quando comunicamos uma informação errada de forma intencional, ou indiretamente, quando omitimos alguma informação relevante para concretizar uma venda.

---

5 BAUMAN, Zygmunt. *Vida para consumo: a transformação das pessoas em mercadoria* (Rio de Janeiro: Zahar, 2008), p. 150.

6 WALTKE, *Comentário de Gênesis*, p. 95.

Meter o pé na porta x Atuação responsável

Se você não conhece essa expressão, "meter o pé na porta" significa abrir um caminho à força, entrar sem pedir licença, agir de forma abrupta. É claro que ninguém gosta disso e, geralmente, tal expressão é usada em caráter negativo. Segundo Seth Godin, os profissionais do chamado marketing tradicional "costumavam roubar, abusar e desperdiçar a atenção. A comunicação em excesso era gratuita, então abusávamos disso. Spam, spam, spam".[7] Pegando um exemplo contemporâneo, podemos pensar nos intervalos comerciais de televisão. Segundo o portal *Meio & Mensagem*, a disputa final do reality show Big Brother Brasil 2021, que durou cerca de duas horas, teve nada menos do que 63 comerciais.[8] É uma média de 2 comerciais a cada 2 minutos de programa. Esse é apenas um exemplo da enorme quantidade de informações com que somos bombardeados todos os dias. Byung-Chul Han problematiza essa questão ao pontuar que "mais informação não leva necessariamente a melhores decisões. Justamente por causa da crescente massa de informação, a faculdade do juízo definha hoje".[9]

Ele conduz uma leitura precisa da nossa realidade ao constatar que não está havendo uma relação entre o aspecto quantitativo (o volume, a quantidade) e o aspecto qualitativo (a qualidade, os benefícios). No marketing, uma enxurrada de informações e dados em cima do consumidor não irá contribuir necessariamente para a tomada de boas decisões. Como vimos, se por um lado a omissão é um problema ético, por outro o excesso de informações também pode prejudicar quem as está recebendo. Nesses casos, é útil para diferenciar entre o que Godin chama permissão presumida e permissão real.[10]

A permissão presumida parte da suposição de que um indivíduo permitiu que determinada marca ou profissional se comunique com ele. Essa permissão pode ser exemplificada em três casos clássicos: quando a marca possui o e-mail do cliente e envia anúncios; quando ela envia anúncios de forma contínua devido à ausência de reclamação; quando há condições ou termos escritos em letras minúsculas, em geral em contratos ou no rodapé de um site.

Já a permissão real é o contrário. O indivíduo explicitamente autoriza o recebimento de informações. Fazendo um paralelo com os exemplos anteriores:

---

7 GODIN, *Isso é marketing*, p. 191.

8 "Final do BBB21 tem 63 comerciais nos intervalos", *Meio & Mensagem*, 05 mai. 2021. Disponível em: https://www.meioemensagem.com.br/midia/final-do-bbb21-tem-63-comerciais-nos-intervalos#:~:text=O%20encerramento%20do%20reality%2C%20que,a%20Amazon%20e%20o%20Ita%C3%BA.

9 HAN, *No exame*, p. 65.

10 GODIN, *Isso é marketing*, p. 192.

o cliente se inscreve na newsletter da marca; os anúncios são enviados quando há uma permissão explícita, independentemente da ausência de reclamação; as condições de um produto ou serviço são colocadas de forma clara e visível.

A permissão real como condição para a atuação responsável

Quando o profissional de marketing age com permissão presumida, em vez da real, não é apenas antiético, mas também irresponsável nas suas práticas. Segundo Byung-Chul Han:

> A responsabilidade é um ato que está ligado a certas condições mentais e também temporais. Ela pressupõe, primeiramente, obrigatoriedade. Assim como o prometer ou o confiar, ela estabelece um compromisso com o futuro. Os meios de comunicação atuais promovem, em contrapartida, a não obrigatoriedade, a arbitrariedade e a duração de curto prazo.[11]

Uma postura responsável leva em consideração todos os aspectos envolvidos na relação empresa-consumidor. Ainda que seja o objetivo final, a venda não pode ultrapassar questões éticas. É preciso pensar em seu impacto no futuro.

Em resumo, o compartilhamento de informações pode ser invasivo quando não há a devida permissão, abusivo quando excessivo e irresponsável quando não se calcula suas consequências futuras. Uma ética cristã do marketing pressupõe compreender essas questões e agir de forma redentiva: com permissão, equilíbrio e responsabilidade.

---

11 HAN, *No enxame*, p. 67.

✳ **CAPÍTULO 13** ✳

> *O importante é o que se tem,*
> *Não importa quem.*
> *Você é mais o que tem,*
> *Não importa quem.*
> *Você é o que tem!*
>
> **"Deuses de Plástico", de Alegorica**

Embora o marketing não seja o único nem principal responsável pela cultura do consumo, fato é que ele exerce uma influência direta nela. Assim, o consumismo é um dos aspectos da Queda na área. Quero tratar sobre isso a partir de uma leitura de Goheen e Bartholomew:

> Nossa cultura é uma cultura em busca de sentido. A fragmentação que a pós-modernidade infligiu à nossa cultura e o seu solapamento da modernidade deixam a cultura ocidental cada vez mais sem uma base sólida em que possa encontrar sentido para si e fundamentar suas práticas.[1]

O consumismo como um candidato pós-moderno

Os autores nos chamam a atenção para a constante busca por sentido, agravada pelo contexto pós-moderno que fragmenta a base sólida na qual era possível encontrar sentido, ainda que insatisfatório, para a plenitude. É aí que entra o consumismo:

> [...] um dos principais candidatos à posição de nova narrativa definidora da cultura ocidental [...]. A cultura do consumo é uma cultura em que os valores

---

1 GOHEEN; BARTHOLOMEW, *Introdução à cosmovisão cristã*, p. 172.

fundamentais se originam cada vez mais do consumo, em vez do contrário. Em princípio, tudo se torna um produto que pode ser comprado e vendido.[2]

O consumismo, portanto, em seu sentido mais amplo, é uma visão de mundo, uma forma de enxergar a realidade que define nossos valores e nossa compreensão sobre a vida. Mas como chegamos aqui?

A modernidade buscava a criação de uma espécie de "paraíso terreno" por meio do progresso, que, por sua vez, proporcionaria o desenvolvimento social. Porém, esse projeto faliu quando, em vez de superar os problemas da sociedade, eclodiram duas grandes guerras mundiais. Nelas, ficou claro o quão problemática e corrompida é a humanidade, e a visão idealizada dos modernos foi suplementada por uma perspectiva mais concreta. Goudzwaard trata sobre essa mudança de uma visão idealizada para algo mais concreto ao dizer que:

> [...] depois de 1850 a fé no progresso se afastou gradualmente das imagens paradisíacas e especulativas a respeito de um futuro típico da era iluminista para voltar-se para evidências concretas, fatuais do progresso diariamente observável nas áreas da economia, da tecnologia e da ciência.[3]

No século 20 e início do 21, a ciência e a razão, tão imprescindíveis na modernidade, deram lugar à fragmentação da verdade, que deixou de ser única e deu lugar a diferentes compreensões e interpretações da realidade.[4] Agora, há uma espécie de "*jukebox* existencial", em que basta selecionarmos a verdade que mais nos agrada. Dentre essas opções, o consumismo está em grande destaque.

Três características do consumismo

Primeiro, todas as relações sociais, atividades, pessoas e objetos são produtos em potencial — isso não é somente viável, como também aceitável. Qualquer um compra o que quiser, desde que suas condições financeiras o permitam. Como consequência, o ser humano se torna mercadoria, como na prostituição e até em trabalhos abusivos.

Segundo, a liberdade individual é um valor absoluto, criando-se um desprezo do coletivo.[5] Nessa perspectiva, interesses e preocupações sociais são

---

2 Ibid., p. 173.

3 GOUDZWAARD, *Capitalismo e progresso*, p. 104.

4 Vanhoozer argumenta que, em oposição à ideia de verdade da modernidade, agora lidamos com jogos de linguagem. Ou seja, a ideia de verdade foi substituída pelas interpretações linguísticas. Para saber mais, leia: VANHOOZER, Kevin J. *O drama da doutrina: uma abordagem canônico-linguística da teologia cristã*, trad. Daniel de Oliveira (São Paulo: Vida Nova, 2016).

5 Para saber mais, leia: KOYZIS, David. *Visões e ilusões políticas: uma análise e crítica cristã das ideologias contemporâneas* (São Paulo: Vida Nova, 2021). O autor argumenta que "a narrativa redentora liberal tem a ver com a emancipação progressiva do indivíduo e com a conquista, por esse meio, de independência ou liberdade." (p. 62).

Consumismo *103*

irrelevantes. O indivíduo é o centro do mundo, e ele é livre para comprar aquilo que deseja.

Terceiro, os desejos são ilimitados, e, apesar da constante promessa de satisfação, insaciáveis. Sempre queremos mais! A cultura do consumo é uma cultura da insatisfação.

A contradição da cultura consumista

Esse último aspecto, a insaciedade, foi amplamente criticado pelo sociólogo Zygmunt Bauman. Para ele, o caráter definidor da cultura consumista não é a aquisição de algo nem o seu rápido descarte, ainda que ambos estejam presentes.

> A vida do consumidor, a vida de consumo, não se refere à aquisição e posse. Tampouco tem a ver com se livrar do que foi adquirido anteontem e exibido com orgulho no dia seguinte. Refere-se, em vez disso, principalmente e acima de tudo, a estar em movimento.[6]

Esse estar em movimento — aquisição, uso, descarte, nova aquisição, uso, insatisfação, outra aquisição, por aí vai — instaura um ciclo sem fim e sempre ativo.

> a cultura do consumo associou a satisfação do consumidor à estagnação econômica: nossas necessidades não podem ter fim [...]. Ela exige que nossas necessidades sejam insaciáveis e que ao mesmo tempo procurem mercadorias para sua satisfação.[7]

Por isso, o consumismo gera uma contradição. São oferecidos produtos e serviços com a promessa aparente de satisfação de necessidades e desejos, mas não de maneira plena. Caso contrário, perderia o sentido, pois as pessoas deixariam de comprar. E, para ser ainda mais eficiente, associa-se a satisfação do consumidor à estagnação econômica: se você não consome, sua vida não progride, não evolui, está presa à mesmice.

Por isso tal cultura é tão contraditória: por mais que ela prometa satisfação, o que ela realmente quer é promover a insatisfação, para que, assim, os consumidores continuem a comprar e se mantenham em constante movimento. É uma sutileza que passa despercebida quando não temos a devida reflexão sobre essa questão.

---

6 BAUMAN, *Vida para consumo*, p. 126.

7 SLATER, 1999, p. 100, apud BAUMAN, *Vida para consumo*, p. 127.

Virtudes e idolatrias

Em razão disso, é preciso avaliar o que na nossa cultura é idolatria. O professor David Koyzis apresenta uma explicação sucinta e didática, mostrando como ela eleva algo da Criação à condição de divindade:

> A idolatria toma algo pertencente à Criação, tenta elevá-lo acima do limite que separa Criador e criatura, e faz dele um tipo de deus. Por conta da abrangência da religião, a idolatria busca colocar todo o resto da Criação a serviço desse deus inventado.[8]

Quando pensamos na economia, podemos expressar virtudes e denunciar idolatrias que distorcem nossa relação com Deus, com o próximo e com a criação. As virtudes aparecem quando exercemos boa mordomia, como vimos no Capítulo 2, ou seja, quando fazemos uso de recursos a favor do bem comum, verdadeiramente suprindo as necessidades e os desejos alheios. E quando somos responsáveis. Mas a atividade econômica pode se tornar um ídolo quando depositamos nela a esperança e a expectativa de redenção, e nossas motivações são egoístas e individualistas. Goudzwaard nos lembra que:

> O capitalismo é sujeito à crítica na medida em que, em nome do progresso, ele é baseado em forças independentes e autônomas de crescimento econômico e tecnológico, isto é, forças que são consideradas isoladas, suficientes e boas em si mesmas[9]

Nossas relações econômicas também são idólatras quando abusamos dos recursos naturais — uso inadvertido e irresponsável de algo que, em geral, é lícito — ou geramos desperdício, isto é, consumimos ou produzimos mais do que o suficiente.[10]

Por isso, temos que ter em mente as três perspectivas da ética cristã que aprendemos no Capítulo 9. Precisamos esquadrinhar nosso coração, avaliando nossas ações e também nossas motivações. Não basta obedecer a uma regra e fazer o que é certo, também é necessária a motivação correta.

---

8 KOYZIS, David. *Visões e ilusões políticas: uma análise e crítica cristã das ideologias contemporâneas* (São Paulo: Vida Nova, 2021), p. 34.

9 GOUDZWAARD, *Capitalismo e progresso*, p. 90.

10 Para saber mais, leia: VERKERK, Maarten Johannes et al. *Filosofia da tecnologia: uma introdução* (Viçosa: Ultimato, 2018). Os autores, no capítulo 13 da obra, falam sobre a "responsabilidade social corporativa", que diz respeito não apenas aos resultados financeiros, mas também nos ambientes social e natural. Segundo a proposta, os gestores devem dar atenção não apenas à rentabilidade, mas também às pessoas e ao planeta.

Lembrando das noções de estrutura e direção, podemos aplicá-las na esfera econômica e nas nossas relações de consumo. Por um lado, podemos direcionar essa estrutura para as práticas virtuosas; por outro lado, para as relações idólatras. A primeira em consonância com a ordem criacional, e a segunda em dissonância com esta. Uma ética cristã do marketing nos exorta à ação virtuosa de realmente contribuir com a satisfação das necessidades do consumidor, e não promover a insatisfação constante.

✳ CAPÍTULO 14 ✳

Desvio vocacional: a comoditização das igrejas

Umbanda apostólica Racional
Budismo pentecostal
Viagem astral
Depressão eufórica

"Espiritualidade no plural", de Alegorica

Comoditização é quando determinados produtos têm características e qualidade similares, mesmo vindos de diferentes produtores. Por conta disso, a precificação não é pautada por suas qualidades (equalização, pois todos se tornam semelhantes), e sim pela relação de oferta e demanda. Um exemplo é a batata, uma commodity. Ao comprá-la, pouco nos interessa quem a produziu e podemos adquiri-la em diferentes mercados e feiras, com características muito semelhantes e diferenças quase imperceptíveis, de modo que optamos pelo estabelecimento com preços mais barato.

Esse fenômeno também está presente no contexto eclesiástico, sobretudo na perspectiva da comunicação e promoção das igrejas. É evidente que a igreja não vende um produto nem possui sua função guia na esfera econômica.[1] Ainda assim, a comoditização nos ajuda a compreender um dos efeitos da Queda em comunidades locais.

Uma breve reflexão sobre gestão estratégica

O professor David Aaker aponta que, em geral, as organizações possuem três grandes fontes de receita e lucratividade: pessoas, tecnologia da informação e marcas.

> Na maioria das organizações, os três ativos mais importantes são pessoas, tecnologia da informação e marcas. Todos são intangíveis; eles não aparecem no balanço patrimonial. Todos agregam um valor à organização que é difícil de quantificar. Assim, a razão para investir em qualquer ativo intangível deve depender, em parte, de um modelo conceitual do negócio que afirme que tais ativos intangíveis representam fatores cruciais para o sucesso da organização e que eles embasam a estratégia de negócios.[2]

É importante ressaltar que, quando se fala em "marca", estamos nos referindo a algo que está além da assinatura visual (ou logo, na linguagem popular) de determinada instituição. Envolve, de forma mais ou menos consciente, atributos invisíveis (posicionamento, valores e propósito) e visíveis (identidade visual, identidade verbal e arquitetura). Em termos gerais, a marca serve para identificar e diferenciar algo ou alguém, promovendo seus diferentes atributos de maneira adequada para o público.

A dificuldade está em mensurar os ativos intangíveis. Embora haja metodologias para isso, é difícil quantificar o valor de uma marca. É necessária alguma expertise e um certo grau de subjetividade, ao contrário da quantificação de objetos físicos. De igual modo, é difícil quantificar o quanto uma pessoa vale para a empresa. Podemos usar como referência alguma tabela salarial, mas ela será no máximo uma referência para remuneração.

E, por esses ativos serem intangíveis, as organizações só darão o devido valor a eles caso façam parte de seu modelo de negócios. Ou seja, pessoas, tecnologia da informação e marcas só serão reconhecidas se forem contempladas na estratégia da empresa.

---

1   A função guia diz respeito a um dos 15 aspectos que qualifica e direciona uma determinada estrutura. Ou seja, é o aspecto mais relevante, ainda que tal estrutura funcione em todos. No caso de uma igreja, enquanto uma comunidade eclesiástica, a função guia é o aspecto confessional. Na prática, isso significa que, embora a igreja funcione no aspecto econômico (receber ofertas, pagar salários, prestar contas à membresia, etc.), esse aspecto não é aquele que a caracteriza e nem aquele que orienta suas decisões como critério principal (diferente, por exemplo, de um negócio, que é economicamente orientado).

2   AAKER, David. *On branding: 20 princípios que decidem o sucesso das marcas* (Porto Alegre: Bookman, 2015), posição 418 (Kindle).

Uma base conceitual para o investimento em marcas é contrastá-lo com sua alternativa estratégica, a concorrência de preço. Os gerentes [...] reduzem seus preços em resposta a excesso de capacidade e concorrência de preço. Os concorrentes fazem o mesmo. Os clientes começam a se concentrar mais no preço do que na qualidade e nos diferenciais de cada produto. As marcas começam a se parecer com commodities.[3]

Aaker propõe um contraste entre duas formas de gerenciamento estratégico. A primeira delas é o investimento nos ativos intangíveis, o que distingue uma empresa de seus concorrentes. A segunda é a concorrência por preço, quando a organização se posiciona através de preços mais atrativos.

Quando se opta por esse segundo caminho, a tendência é uma disputa sem fim. Da mesma forma que uma empresa abaixa o preço para se tornar mais atrativa, os concorrentes fazem o mesmo. Assim, visto que não há investimento nos ativos intangíveis, o consumidor só optará pelo mais barato e o produto se torna uma commodity — como a batata.

A comoditização para além das marcas

Bauman aponta que os próprios indivíduos passam por esse processo. Uma vez que o preço é que estabelece a escolha, as marcas também passam a enxergar o cliente como uma commodity — não interessa quem compre, o importante é que o produto seja vendido e gere o retorno financeiro desejado. Para ele, "o consumo é o principal mecanismo da 'comodificação' dos consumidores".[4]

A comoditização no contexto da igreja

O professor e teólogo Michael Horton traz essa discussão para o contexto eclesiástico, tecendo uma crítica em relação à forma como nos organizamos enquanto igreja, tanto na evangelização quanto no culto à Deus:

> Nosso evangelismo é frequentemente centrado no homem, e assim dizemos ao incrédulo o que pensamos que ele ou ela quer ouvir: como Deus pode fazer isto por ele ou satisfazer aquela necessidade para ela. Nossa adoração pública é, assim, frequentemente dirigida para o consumidor — entrada de novas pessoas — em vez de levantar os olhos das pessoas ao céu em louvor e gratidão.[5]

Horton é certeiro ao apontar que, em muitos casos, deixamos de enxergar o incrédulo como alguém que precisa ouvir a verdade do evangelho, se arrepender

---

3   Ibid., posição 424 (Kindle).

4   BAUMAN, *Vida para consumo*, p. 83.

5   HORTON, *A lei da perfeita liberdade*, p. 60.

da sua condição de pecador e crer em Jesus Cristo para tratá-lo como um mero consumidor a quem oferecemos palavras afáveis para fidelizá-lo.

Quando uma igreja perde discípulos e tem clientes, a mensagem compartilhada deverá ser agradável. Não haverá confrontação com a Palavra. Antes, as verdades do evangelho acabam sendo suprimidas em prol da adequação àquilo que as pessoas buscam, que é se sentir bem e ter a consciência aliviada.

O sociólogo Christian Smith forjou uma expressão para se referir a esse fenômeno: deísmo moralista terapêutico.[6] Ela diz respeito a um conjunto de crenças que coloca a felicidade e o bem-estar humano como seus objetivos principais (terapêutico) atingidos quando nos comportamos como boas pessoas (moralista), a partir dos padrões de um deus que não interfere na nossa vida (deísmo).

O deísmo moralista terapêutico é a tônica da espiritualidade contemporânea, sendo compartilhado por muitas igrejas que se intitulam cristãs, nas quais a pregação é motivacional e positiva.

A genuína fé cristã se apresenta de forma radicalmente oposta. Ela não é terapêutica,[7] porque o objetivo é nos apresentar a verdade bíblica sobre a condição do ser humano e sobre o mundo: somos corrompidos pelo pecado e precisamos de um salvador. Ela não é moralista, porque sua ênfase não está naquilo que devemos fazer para alcançar o favor de Deus, mas no que Deus fez e faz pelo mundo por meio de Jesus. Também não é deísta, porque não cremos em um deus indiferente à realidade, mas na Trindade Santa, uma comunidade que dita relações de aliança para todos nós.

O desvio vocacional como reflexo da comoditização

Podemos compreender que toda igreja funciona também como uma marca, por possuir elementos de identificação e diferenciação, conscientemente ou não. Fazendo uma analogia, toda igreja (assim como toda instituição, empresa ou organização) possui um DNA,[8] um conjunto de características que a torna única.

Um dos principais papéis do marketing é expressar esse DNA. Ele precisa traduzir ao público — membros, frequentadores e quem é de fora — suas características e seus atributos, seja em posts, cartazes, slides projetados, panfletos, na linguagem utilizada.

---

6 MCKINLEY, Deborah. *Soul Searching: The Religious and Spiritual Lives of American Teenagers by Christian Smith*, p. 1.

7 Para saber mais, leia: GOMES, Wadislau M. *Prática de aconselhamento redentivo* (Brasília: Monergismo, 2018). O autor apresenta e explica que a fé cristã não é terapêutica, e sim redentiva.

8 O DNA é um composto orgânico que contém as informações genéticas dos seres vivos. Aqui, usamos o termo como uma metáfora da biologia aplicada ao contexto eclesiástico.

O problema é quando a comunicação tende a seguir certos modismos para tentar tornar a igreja mais relevante e atrativa ao público. "Se determinada estética funcionou em certo lugar, vamos usá-la também" é a "ideia genial" de muitas pessoas. Assim, as características verdadeiramente diferenciadoras daquela instituição são suprimidas. A preocupação se torna atrair a maior quantidade de pessoas possível por meio de um padrão de outro lugar. Percebe a comoditização?

Precisamos compreender que não há neutralidade em nada que fazemos. Todas as escolhas feitas, mesmo sem intenção clara, comunicam algo. Por exemplo, quando escolhemos uma foto para ilustrar um material, ela diz algo por si só, não é apenas um acessório estético. Ela pode favorecer ou não a mensagem.

Portanto, se renunciarmos à utilização do DNA da igreja como ponto de partida para nos comunicarmos com o público, precisaremos encontrar outro fundamento. É impossível partir do vácuo. Se não é o próprio DNA, o que será então? Geralmente, são os modismos comerciais — o estilo visual ou de linguagem que está "na moda". Se cada instituição, igreja ou negócio possui um DNA único, então a comunicação de cada um deles também deve ser única. Ainda que determinados elementos possam ser comuns, o conjunto de cores, grafismos, linguagem, tipografia, tom, voz e padrões gráficos nunca deveria ser parecido com o de outros. Dessa maneira, quando nos deparamos com determinado material para fins de comunicação, lidaremos com um artefato que vai além das categorias de feio ou bonito, do gosto pessoal das pessoas. Ele expressará ideais, traduzindo a essência daquilo que representa.

Mas, se partirmos dos modismos, não haverá grandes diferenças entre a comunicação da igreja X e da igreja Y, mesmo que elas sejam diferentes. A comoditização vai gerar uniformidade, e as igrejas vão suprimir suas vocações.

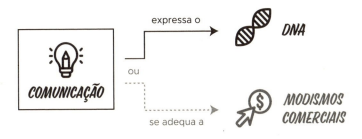

Figura 13: Relação entre comunicação, DNA e modismos

Uniformidade nos recursos de comunicação

Tempos atrás me deparei com a divulgação de um "kit do designer gospel", que prometia auxiliar na elaboração de peças gráficas para igrejas e ministérios de forma simples: bastava o usuário consultar o menu de temas, escolher um modelo e editar as informações. Pronto!

Entendo que, para muitos contextos nos quais há uma carência de alguém qualificado, esses recursos são uma solução de grande ajuda. Meu objetivo aqui não é desprezar quem os produz nem quem os compra. No entanto, esses materiais pré-elaborados exemplificam o que estou tentando explicar.

Nesse caso, a elaboração das peças vendidas não é parte da essência da igreja. São materiais genéricos e, consequentemente, expressam uma mensagem genérica. Ao utilizá-los, há o risco de transmitir ao público algo que não é compatível com o DNA da instituição.

Depois, se tratando de um produto feito para ser vendido para o grande público, há o risco de diferentes igrejas e projetos utilizarem as mesmas peças, apenas com informações diferentes. Com isso, temos o problema da homogeneização: diferentes marcas passam a se comunicar da mesma forma.

Para além da comoditização: o plágio

Em 2019, publicamos nos stories do perfil no Instagram do Invisible College uma peça gráfica divulgando o nosso grupo de transmissão no Telegram. Era simples, mas coerente com a nossa comunicação. As cores e a tipografia utilizadas faziam parte da nossa identidade visual. A peça continha, basicamente, um título, um pictograma no centro e quatro linhas de texto em menor tamanho na parte inferior.

Nossa surpresa foi ver que, em junho de 2021, o perfil de uma grande instituição postou a mesma peça, mas com pequenas alterações. As cores, a tipografia e o título foram os mesmos, iguais à imagem original. A cópia foi tão explícita que era possível ver os resquícios do nosso texto, que não foi devidamente apagado.

Foi lamentável, porque a peça não foi criada conforme a identidade da instituição que a copiou; ao contrário, era compatível com o Invisible College, e apenas com ele. Mas, além disso, havia outro problema: o plágio.

Talvez pareça óbvio, mas não é. O plágio é uma forma sofisticada de roubo de um elemento intangível. Quando alguém produz um artefato, dispõe do seu esforço, criatividade e tempo, seja na criação de uma peça gráfica, um livro, uma música ou qualquer outra coisa. Quando alguém ignora tudo isso em favor de si, em seu autobenefício egoísta, há plágio. É um abuso do trabalho do outro.

Orientando a nossa comunicação

Para oferecer algumas diretrizes práticas, há três perguntas importantes que precisamos nos fazer durante toda comunicação das igrejas ou projetos nos quais trabalhamos.

Primeiro, qual é a mensagem que estamos transmitindo visualmente? Para além das informações textuais presentes em um determinado material (quando há), o que estamos comunicando com as escolhas estéticas que fizemos? Aqui, vale lembrar que nenhuma escolha é neutra, mesmo que você faça uma peça com o fundo todo branco e o texto em fonte Arial preta. As escolhas precisam ser conscientes e intencionais.

Segundo, visto que as escolhas precisam ser intencionais, quais características, atributos ou valores determinados material está transmitindo? Na pressa do dia a dia, com necessidade de resolver alguma questão urgente, essa reflexão acaba sendo ignorada. Mas ela é fundamental se quisermos ter coerência entre a essência e a expressão.

Terceiro, como a identidade verbal expressa quem somos? Por identidade verbal, me refiro a todos os aspectos de comunicação não visuais: a linguagem de um e-mail, as palavras usadas na legenda de um post, como as mensagens são respondidas etc. Assim como o aspecto visual, o verbal também tem uma enorme importância e não é neutro. Se usamos um tom mais formal, nos posicionaremos de determinada forma; se optamos por algo mais leve e descontraído, de outra. A informação pode ser igual, mas a maneira como a compartilhamos também diz muito.

Em resumo, se a comunicação não é neutra, e tudo que está expresso gráfica ou verbalmente comunica algo às pessoas, é preciso escolher uma forma de comunicação compatível com o DNA e a vocação da instituição.

✳ CAPÍTULO 15 ✳

O problema do dualismo: emocional x racional

Eu não ouço vocês
Eu não creio em vocês
Só acredito no semáforo
Só acredito no avião
Eu acredito no relógio

"Semáforo", de Vanguart

O artista italiano Rafael elaborou uma de suas obras-primas, a pintura *Escola de Atenas,* entre os anos 1509 e 1510. Nela, ele colocou duas figuras no centro: Platão e Aristóteles. O primeiro, à esquerda, está apontando para o céu, enquanto à sua direita o segundo aponta para o chão. O que será que o artista queria expressar com isso?

O gesto de cada um está relacionado com suas teorias filosóficas. Para Platão, a verdade se encontra no mundo das ideias; já para Aristóteles, ela se encontra na observação das coisas imutáveis do mundo material. Embora cada um tenha uma compreensão distinta, há algo em comum: ambos possuem uma visão dualista da realidade.[1]

---

1 Para Dooyeweerd, esse tipo de pensamento é caracterizado pelo motivo grego matéria-forma. O princípio "matéria" carregava a perspectiva de enxergar a divindade na vida natural, na experiência temporal do ser humano. Já o princípio "forma" apresentava o sagrado no aspecto cultural, almejando qualidades como a harmonia estética. Para saber mais, leia: DOOYEWEERD, Herman. *No crepúsculo do pensamento ocidental* (Brasília: Monergismo, 2018), p.81.

No período da Filosofia Medieval, o pensamento dualista continuou presente, ainda que com novos contornos. Rookmaaker apresenta o dualismo escolástico,[2] desenvolvido por autores como Tomás de Aquino:

> Este mundo é bom, mas, apesar disso, tem autonomia própria. O mundo da fé, da graça e da religião é o mais elevado, um mundo para o qual precisamos da revelação de Deus. É nele que devemos colocar nossos objetivos e sentimentos. Mas o mundo inferior, o mundo dos homens, o mundo da "natureza", pode ser compreendido pela razão, e é aqui que, de fato, reina a razão. Como tal, não é religioso, mas secular. Aqui não há diferença entre o cristão e o não cristão, uma vez que ambos atuam de acordo com as leis naturais do pensamento e da ação.[3]

Na época, a realidade era vista de duas formas: uma mais elevada, espiritual, que cristãos devem buscar; outra racional, natural, que é comum a todos os seres humanos e sem grande importância.

Séculos depois, a liberdade e a autonomia humana passam a ser consideradas superiores, em oposição à própria natureza do indivíduo que o prende e da qual ele precisa se libertar.[4] Trata-se de uma concepção fragmentada, propagada por autores como René Descartes e Immanuel Kant.

Em oposição às diferentes visões de mundo do pensamento ocidental,[5] as quais são fragmentadas, dualistas e reducionistas, a revelação bíblica, por sua vez, nos apresenta uma forma de enxergar o mundo na sua integralidade, tendo Cristo como Senhor de toda a existência, sem a divisão de coisas superiores e inferiores.[6] Por isso, somente a perspectiva bíblica pode nos dar uma base sólida e um entendimento adequado para compreendermos Deus, o ser humano e a natureza de maneira integral.

---

2   Aqui, há uma mudança para o motivo natureza-graça, no qual há uma síntese entre o pensamento grego com a revelação bíblica. A realidade passa a ser enxergada em dois níveis: um espiritual e mais elevado, outro natural e inferior. Para saber mais, leia *No crepúsculo do pensamento ocidental*, p.86.

3   ROOKMAAKER, H. R. *A arte moderna e a morte de uma cultura* (Viçosa: Ultimato, 2015), p.45.

4   Por fim, há o motivo natureza-liberdade. Para saber mais, leia *No crepúsculo do pensamento ocidental*, p.88.

5   Para saber mais, leia: DOOYEWEERD, Herman. *Raízes da cultura ocidental* (São Paulo: Cultura Cristã, 2015).

6   Embora trate disso no contexto político, David Koyzis mostra a partir de figuras como Calvino, Althusius e Kuyper como a visão bíblica da realidade pode ser aplicada de maneira integral. Para saber mais, leia: KOYZIS, David. *Visões e ilusões políticas: uma análise e crítica cristã das ideologias contemporâneas* (São Paulo: Vida Nova, 2021), capítulo 7.

O erro de Descartes

Embora muitos se dizem cristãos, e de fato talvez o sejam, há uma dissonância entre a maneira como as Escrituras apresentam a realidade e como de fato a enxergamos. É comum sermos influenciados pelo dualismo, inclusive no marketing. Um dos dualismos mais importantes é o que defende a separação entre razão e emoção. Não há um consenso sobre como isso se dá. Para alguns, os consumidores têm decisões racionais. Para outros, as decisões de compra são emocionais.[7] De todo o modo, colocam razão e emoção em lados opostos, ou subordinando uma à outra. É isso que o neurocientista António Damásio combate:

> Baseado em meu estudo de pacientes neurológicos que apresentavam deficiências na tomada de decisão e distúrbios da emoção, construí a hipótese (conhecida como hipótese do marcador somático) de que a emoção era parte integrante do processo de raciocínio e poderia auxiliar esse processo ao invés de, como se costumava supor, necessariamente perturbá-lo.[8]

Na obra *O erro de Descartes*, o pesquisador apresenta o relato de uma série de estudos de pacientes que tiveram partes do cérebro diretamente ligadas às emoções comprometidas devido a acidentes ou doenças degenerativas, mas suas capacidades de raciocinar permaneceram ilesas. Seria o caso, por exemplo, de uma pessoa que consegue resolver sem dificuldades um problema matemático, mas sente e expressa emoções. O cientista percebeu que esses pacientes tinham uma enorme dificuldade de tomar decisões, mesmo com baixo grau de complexidade ou importância.

A partir daí, Damásio concluiu que a emoção é parte das escolhas que fazemos. Ao contrário da premissa de que um julgamento ideal seria puramente racional, Damásio defende que as emoções podem contribuir para nossas decisões. Para ele, é virtualmente impossível haver uma deliberação sem a dimensão emocional:

> É este o erro de Descartes: a separação abissal entre o corpo e a mente, entre a substância corporal, infinitamente divisível, com volume, com dimensões e com um funcionamento mecânico, de um lado, e a substância mental, indivisível, sem volume, sem dimensões e intangível, de outro; a sugestão de que o raciocínio, o

---

7   Kevin Roberts, citando Maurice Levy, defende essa visão, dizendo que "as pessoas buscam uma razão lógica: o que o produto oferece e por que é uma escolha superior. E tomam uma decisão emocional: gosto dele, prefiro-o, me sinto bem com ele". ROBERTS, Kevin. *Lovemarks: o futuro além das marcas* (São Paulo: M. Books, 2005), p. 43.

8   DAMÁSIO, António. *O erro de Descartes: emoção, razão e o cérebro humano* (São Paulo: Companhia das Letras, 2012) p. 7 (Kindle).

juízo moral e o sofrimento adveniente da dor física ou agitação emocional poderiam existir independentemente do corpo. Especificamente: a separação das operações mais refinadas da mente, para um lado, e da estrutura e funcionamento do organismo biológico, para o outro.[9]

Damásio faz alusão ao filósofo René Descartes, que dizia que o corpo e as operações da mente estavam separados. O neurocientista, no entanto, aponta que não é o caso. Ambos estão juntos em uma mesma estrutura, em uma mesma operação, e são mutuamente importantes para seus funcionamentos.

Isso nos leva a refletir sobre a relação entre corpo e espírito. Seriam eles separados ou a mesma coisa?

Dualismo ou monismo?

As visões dualistas compreendem que corpo e espírito são duas coisas diferentes. Nelas, o espírito dá vida ao corpo, incluindo suas faculdades psíquicas. O dualismo talvez seja a visão mais intuitiva de se entender, porque geralmente é a percepção que temos em relação à morte. Ao morrer, o corpo desfalece, mas o espírito não.

As visões monistas rejeitam essa distinção. Em algumas delas, o espiritual se reduz ao corpóreo, apresentando uma abordagem materialista. Em outras, o corporal se reduz ao espiritual, perspectiva conhecida como idealismo.

Porém, nenhuma delas condiz com o entendimento bíblico. Segundo o teólogo Anthony Hoekema:

> Deve-se entender o homem como um ser unitário. Ele tem um aspecto físico e um aspecto mental ou espiritual, mas não devemos separar esses dois. Deve-se entender a pessoa humana como uma alma corporalizada ou um corpo "almatizado". A pessoa humana deve ser vista em sua totalidade, não como uma combinação de diferentes 'partes'. Esse é o ensino claro tanto do Antigo como do Novo Testamento.[10]

O autor chama essa terceira possibilidade de unidade psicossomática.[11] Segundo ele, essa expressão faz plena justiça aos dois aspectos do ser humano, o físico e o espiritual, ao mesmo tempo que enfatiza sua unidade. Essa mesma ideia foi também desenvolvida filosoficamente por Dooyeweerd e, contemporaneamente, por Gerrit Glas como totalidade estrutural encáptica:

---

9 DAMÁSIO, *O erro de Descartes*, p. 306 (Kindle).

10 HOEKEMA, *Criados à imagem de Deus*, p. 238.

11 Ibid., p. 239.

A teoria de Dooyeweerd da totalidade estrutural encáptica resolve, pois ela nos conduz a considerar a natureza plural da corporeidade humana (contra o monismo reducionista) e a coerência das funções corporais (contra o dualismo).[12]

Glas apresenta a ideia de totalidade estrutural encáptica proposta por Dooyeweerd como uma resposta à discussão anterior. Dessa forma, ela se distingue do monismo ao reconhecer a natureza plural da corporeidade humana, ou seja, que o nosso corpo é composto por diferentes estruturas parciais. No entanto, também se distingue do dualismo porque, ainda que reconheça essa natureza plural, propõe que as funções corporais são coerentes entre si.

Para Dooyeweerd, a encapse é um entrelaçamento estrutural que pode existir entre coisas, plantas, animais e estruturas sociais. Ela deve ser distinguida, no entanto, da relação parte-todo.[13] Portanto, "totalidade estrutural encáptica" trata de um todo encapsulado (unificado), mas composto por estruturas com seus próprios princípios internos. Pluralidade e unidade, as duas coisas juntas!

> É justificado, portanto, até certo ponto, i.e., desde a perspectiva da totalidade da corporeidade humana, falar do cérebro como um órgão para o pensamento, a percepção, o sentimento e o planejamento. Isto significa que o cérebro, enquanto tal, pensa, percebe, sente e planeja que o próprio cérebro atua? Não, diz Dooyeweerd. É sempre a pessoa inteira na unidade do corpo e da alma que executa os atos.[14]

Perceba que, por mais que o cérebro humano seja o órgão responsável pelo pensamento, percepção, sentimento e planejamento, ele não atua sozinho, independentemente do resto. A pessoa inteira executa cada uma dessas ações, na unidade do seu corpo e alma. Essa é uma das características que diferencia uma perspectiva antropologicamente bíblica de outras compreensões distintas: a integralidade do ser humano.

O coração como o centro do ser humano

Reconhecendo a integralidade do ser humano, um segundo passo é compreender seu centro. Para isso, a Bíblia apresenta a noção de coração, que se diferencia do órgão biológico que bombeia o sangue, mas se apropria dele como uma analogia:

---

12 GLAS, Gerrit. "Antropologia filosófica cristã: uma perspectiva reformacional", Associação Brasileira de Cristãos na Ciência, 1 nov. 2018. Disponível em: https://www.cristaosnaciencia.org.br/antropologia-filosofica-crista-uma-perspectiva-reformacional/.
13 DOOYEWEERD, Herman. *Filosofia cristã e o sentido da história* (Brasília: Monergismo, 2020), p. 270.
14 GLAS, *Antropologia filosófica cristã*.

> Assim como o coração no sentido físico é o ponto de origem e a força propulsora da circulação do sangue, também ele é espiritual e eticamente a fonte da vida superior do homem, além de ser o assento da nossa autoconsciência, do nosso relacionamento com Deus e da nossa subserviência à sua lei, isto é, toda a nossa natureza espiritual e moral. Consequentemente, toda nossa vida racional e volitiva tem o seu ponto de origem no coração e é governada por ele.[15]

Da mesma forma que o coração no sentido físico é a nossa fonte propulsora de vida orgânica, no sentido bíblico ele é a fonte propulsora da vida espiritual. As Escrituras o colocam como o centro do ser humano, o núcleo central de cada indivíduo. O coração, assim, é o centro coordenador das nossas volições, afetos e cognição.

Essa é uma grande distinção entre a visão bíblica do ser humano em relação a outras. O que a Bíblia chama "coração" é o centro espiritual e moral do ser humano. É por isso que ela dá tanta ênfase a ele. Nele estão os nossos compromissos religiosos, o que move e orienta toda pessoa, e a pessoa toda. É a partir deles que depositamos a nossa fé e a nossa esperança em algo ou alguém, conduzindo toda a nossa vida a partir disso.

Hoekema aprofunda um pouco mais nessa compreensão, mostrando como o coração é biblicamente compreendido no Antigo e no Novo Testamento.

> O termo coração é empregado no Antigo Testamento não só para descrever a sede do pensamento, do sentimento e da vontade; é também a sede do pecado (Gn 6.5; Sl 95.8,10; Jr 17.9), a sede da renovação espiritual (Dt 30.6; Sl 51.10; Jr 31.33; Ez 36.26) e a sede da fé (Sl 28.7; 112.7; Pv 3.5).[16]

> O coração vai além de coordenar nossas vontades, afetos e cognição. Como seres religiosos, é dele que também brota o nosso pecado e nosso anseio por Deus. Em relação ao Novo Testamento, ele diz:

> O amor é associado ao coração em 2Tessalonicenses 3.5 e 1Pedro 1.22. A obediência é associada ao coração em Romanos 6.17 e em Colossenses 3.22. O perdão é associado ao coração em Mateus 18.35. O coração é associado à humildade em Mateus 11.29 e é descrito como a sede da pureza em Mateus 5.8 e Tiago 4.8. A gratidão é associada ao coração em Colossenses 3.16 e lemos, em Filipenses 4.7, que a paz guarda o coração.[17]

---

15 BAVINCK, Herman. *As maravilhas de Deus: instrução na religião cristã de acordo com a confissão reformada* (São Paulo: Pilgrim; Rio de Janeiro: Thomas Nelson Brasil, 2021), p. 45.

16 HOEKEMA, *Criados à imagem de Deus*, p. 233.

17 Ibid., p. 237.

Perceba que o coração não é algo secundário ou sem importância na revelação bíblica. Pelo contrário, ele assume um papel de protagonismo quando pensamos no ser humano a partir das Escrituras, e ignorá-lo é ter uma visão reducionista ou incompleta do indivíduo.

O contraste da visão bíblica com outras é importante para compreendermos o ser humano a partir de outras visões que não têm o mesmo compromisso religioso que o nosso e, portanto, não compartilham dos mesmos princípios. Esse é o caso do trecho a seguir, publicado em um artigo que trata da satisfação do consumidor no marketing:

> [Na perspectiva da teoria econômica] a satisfação resulta de um processo essencialmente racional, que busca equacionar da melhor forma possível duas variáveis: a renda disponível e o preço de bens e serviços a serem adquiridos.[18]

Na perspectiva da teoria econômica, a satisfação do consumidor é algo essencialmente racional. É um exemplo de tantos do contraste entre a compreensão bíblica e da tese neurocientífica de Damásio com as visões dualistas e monistas, em que se assume uma visão dicotômica do indivíduo, ignorando, sobretudo, a compreensão bíblica do coração — o centro espiritual do ser, que contempla nossa cognição, volição e afeições.

A questão dos conflitos cognitivos

Os conflitos cognitivos são incoerências entre o pensamento e a prática. Um exemplo prático: uma determinada pessoa compra um produto, mas ele não atende às suas expectativas. Ela justifica o porquê dessa compra, mesmo sabendo que não foi satisfatória. Sabe que foi uma decisão ruim, e ao ser confrontada com isso, resolverá o problema justificando suas escolhas ou mudando seu comportamento.

> Quando as pessoas são confrontadas com essa incoerência, ocorrem os conflitos cognitivos que podem ser resolvidos, portanto, com justificativas, alteração de atitudes, comportamentos ou ambos.[19]

O conflito cognitivo pode nos levar ao grande equívoco de achar que escolhas são emocionais e as justificativas para elas, racionais. Podemos cair no

---

18 CHAUVEL, Marie Agnes. "A satisfação do consumidor no pensamento de marketing", XIII Encontro da Associação Nacional de Pós-graduação e Pesquisa em Administração, Foz do Iguaçu (PR), 1999, p. 2. Disponível em: http://www.anpad.org.br/admin/pdf/enanpad1999-mkt-12.pdf.

19 MUELLER, Adilson; DAMACENA, Cláudio Damacena; VAZ, Felipe Vidor. "Dissonância cognitiva e consumo sustentável: uma revisão sistemática da literatura", *Revista Gestão & Tecnologia*, v. 18, n. 1, p. 171-96, jan./abr. 2018.

122 *Click sem bait*

erro de supor que esses sistemas estão operando de forma independente: primeiro vem a emoção, depois a razão. É esse o efeito do conflito cognitivo na nossa percepção. Mas, como vimos, o ser humano não age assim.

Isso é muito importante em todas as fases do marketing — planejamento, promoção, estratégia, comunicação etc. Uma visão integral do ser humano nos livra do emocionalismo barato ao reconhecer que as decisões não são puramente emocionais. Também evita o racionalismo pragmático, pois sabemos que as decisões também não são puramente racionais.

Mais ainda, valorizaremos o indivíduo, que é o ápice da Criação (Gênesis 1:31). Passamos, assim, a entender que a emoção importa e que há formas lícitas, criativas e desejáveis de sensibilizá-la. O aspecto estético — na linguagem, no visual, no sonoro, no olfativo ou no tátil — tem a sua importância e não pode ser ignorado, e de igual maneira precisamos saber que as pessoas tomam decisões deliberadas. O ser humano não é um animal que só responde ao instinto.

Estou convicto que a nossa forma de enxergar a realidade, nossa visão de mundo, e, por consequência, a nossa visão do ser humano orienta a nossa forma de pensar o marketing e a comunicação. Precisamos de uma orientação bíblica genuína, pois somente assim teremos a possibilidade, diante dos efeitos da Queda, de direcionar nosso trabalho para o Redentor.

QUARTA PARTE

UMA ABORDAGEM CRISTÃ: a busca por coerência

* *

✳ *CAPÍTULO 16* ✳

A integralidade do ser humano

Nem terno, nem tampouco ternura
À margem de toda rua, sem identificação, sei não
Um homem de pedra, de pó, de pé no chão
De pé na cova, sem vocação, sem convicção
À margem de toda candura.

"Cidadão de Papelão", de O Teatro Mágico

Há uma compreensão distintamente cristã a respeito do ser humano, revelada nas Escrituras em Gênesis 1. No período bíblico, diante das visões de mundo pagãs, "afirmar que os seres humanos — todos os seres humanos e não somente os reis — foram criados à imagem de Deus deve ter sido uma afirmação chocante".[1] As Escrituras relevam que Deus fez o ser humano à sua imagem. Somos portadores dela e dependentes do Criador. Nesse sentido, nenhum de nós é melhor do que o outro em essência.

Como vimos, o fato de termos sidos criados por Deus faz dele o sustentador da nossa vida, independentemente se um indivíduo crê ou não no Senhor. É por isso que o ser humano é obrigatoriamente religioso. Seu coração, criado por Deus, sempre buscará algo para além dele próprio, seja o Deus verdadeiro, pai do nosso Senhor Jesus Cristo, seja um falso deus:

O coração é o centro da existência humana, a pessoa integral como é vista por Deus, o eu verdadeiro depois que todas as máscaras foram retiradas. Portanto,

---

1 JÓNSSON, 1988, p. 93-145, apud GOHEEN; BARTHOLOMEW, *Introdução à cosmovisão cristã*, p. 75.

126 *Click sem bait*

o coração é o motivo dos motivos, a disposição fundamental de cada pessoa. O coração é a fonte do nosso compromisso mais fundamental: servir a Deus ou servir a um ídolo.[2]

Além do que discutimos no Capítulo 15, o coração é importante em um aspecto prático:[3] ele governa as nossas ações (Mateus 15:19), nossas palavras (Mateus 12:34) e nossos pensamentos (Mateus 9:4,15:19). Assim, se o coração possui uma inclinação religiosa, e ele governa também nossas ações, palavras e nossos pensamentos, logo, a adoração direciona nossa vida. A inclinação religiosa do nosso coração dará a direção para o que fazemos, falamos e pensamos. Em última instância, vivemos em resposta a quem escolhemos servir.

> É mais bíblico dizer que a pessoa como um todo é quem toma as decisões éticas, e que essas faculdades éticas são modos de descrever uma pessoa ao tomar tais decisões. Na minha opinião, razão, emoção e demais não são vozes conflitantes dentro de nós, mas modos diferentes de caracterizar e descrever a pessoa como um todo. Razão é a pessoa inteira raciocinando, emoção é a pessoa inteira sentindo, e assim por diante.[4]

Podemos pensar que, se o coração também é a fonte dos nossos pensamentos, não há uma separação entre razão e emoção, como se fôssemos fragmentados. Somos seres integrais. É importante ter isso em mente não só para fazer jus a uma genuína antropologia bíblica, como também para compreendermos as relações dos indivíduos no contexto do marketing, o nosso principal objetivo aqui.

Os elementos constitutivos da realidade e do ser humano

Willem Ouweneel propõe uma classificação gradual[5] para entendermos quais são os elementos constitutivos dos entes da realidade criada e o que as distingue dos seres humanos.

1. **Aspecto físico**: constitui todo objeto ou ser vivo. É a matéria, que está presente na água ou em uma pedra, por exemplo.

---

2   FRAME, *A doutrina da vida cristã*, p. 318.

3   Ibid., p. 318.

4   Ibid., p. 351.

5   OUWENEEL, *Coração e alma*, p. 20. É importante destacar que o autor faz uma apresentação da Filosofia Reformacional com contribuições próprias no que diz respeito aos animais, dividindo-os entre superiores e inferiores. Não é minha intenção discutir essas questões aqui, uma vez que elas não comprometem e nem se relacionam diretamente com o que estou tratando.

2. **Aspecto biótico**: é o que traz vida aos seres, como as plantas, que possuem uma constituição física, mas também vida.
3. **Aspecto perceptivo**: presente nos animais inferiores, os invertebrados. Além de matéria e vida, eles também possuem instintos e reflexos.
4. **Aspecto sensitivo**: presente nos animais superiores, os vertebrados. Além de matéria, vida e percepção, eles têm ainda afetos, impulsos e emoções.
5. **Aspecto espiritivo**:[6] distingue os seres humanos do resto. Juntamente com os quatro aspectos anteriores, também há imaginação, sabedoria, desejos e tomadas de decisões, características que nos tornam únicos na criação de Deus.

Esses três últimos aspectos, juntos, compõem o que Ouweneel chama de aspectos mentais.[7]

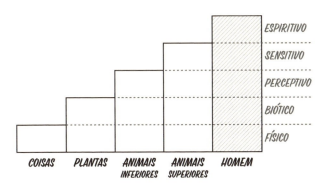

Figura 14: Aspectos constitutivos do ser humano

Aprofundando um pouco mais no aspecto espiritivo, veremos que ele possui três dimensões. A primeira delas é a cognitiva, que diz respeito a conhecer algo por meio do pensamento. A segunda é a criativa, nossa capacidade de imaginar, fantasiar, idealizar ou visualizar mentalmente. A terceira é a dimensão volitiva — a mais importante para os fins deste livro —, que está relacionada com as nossas escolhas, decisões e disposição por algo.

---

6 No texto original, o autor usa o termo *spiritive* ("espiritivo") em vez de *spiritual* (espiritual) para se referir ao espírito do ser humano na sua completude, ou seja, tudo aquilo que é distintivo do ser humano em relação aos outros seres, e não apenas o aspecto da fé (= espiritual).
7 Ibid., p. 21.

128 · *Click sem bait*

> Essas três dimensões, é claro, estão sempre entrelaçadas e nunca ocorrem separadamente. Por exemplo, a decisão de comprar uma casa é, na própria natureza do caso, um ato tipicamente conativo [volitivo], mas, ao mesmo tempo, comporta um elemento cognitivo. [...] Ao tomar uma decisão, o comprador, sem dúvida, leva tempo para imaginar o que seria viver na casa em questão e terá também de pensar no que poderia fazer com a casa.[8]

O autor reforça a compreensão da integralidade do ser humano, já apresentada aqui, ao afirmar que essas três dimensões do aspecto espiritivo não são autônomas ou independentes. A cognição, a criatividade e a volição atuam juntas. Temos vontade de algo, imaginamos esse algo e refletimos racionalmente sobre a viabilidade dele.

> O que geralmente chamamos de "vontade" (ou de "arbítrio"), entretanto, é simplesmente um outro nome para a pessoa inteira no ato de tomar decisões. A vontade, ou desejo, jamais é exercida sem a concorrência de outros aspectos da personalidade, como o intelecto e a emoção.[9]

Precisa ficar claro que se trata de algo bem mais complexo do que apenas dizer que as nossas escolhas são puramente emocionais ou racionais. São todas as dimensões do indivíduo que atuam juntas, ou seja, é a pessoa inteira que está tomando as decisões.

Necessidades ou desejos?

Compreendido a questão das escolhas e decisões humanas, e superando o dualismo do emocional e racional, um próximo passo é compreendermos, à luz da fé cristã, as relações entre as nossas necessidades e desejos — dois termos que aparecem sempre nos principais manuais de marketing. Aqui, também nos referenciamos por aquilo que Ouweneel propõe, utilizando uma estrutura tríplice.[10]

As necessidades são aquilo que nós objetivamente precisamos, ou seja, o que é vital para a nossa vida. Uma pessoa necessita tomar alguma quantidade de água para matar a sede; isso é indispensável do ponto de vista biológico. Os desejos, por outro lado, são aquilo que queremos independentemente da necessidade. Por exemplo, uma pessoa tem a necessidade de se alimentar, mas pode ter o desejo de comer uma pizza de calabresa. Comer é necessidade, a pizza é desejo.

---

8   Ibid., p. 30.

9   HOEKEMA, Anthony. *Criados à imagem de Deus*, p. 191.

10 OUWENEEL, *Coração e alma*, p. 93-4.

Figura 15: A relação entre necessidade, desejos e valores

Além das necessidades e dos desejos, entrelaçado a eles estão os valores, as nossas crenças. Colocar esse terceiro elemento torna singular a abordagem cristã por considerar, como vimos, que o nosso coração é o centro religioso do ser, controlando pensamentos, ações e palavras.

> Todas essas três entidades são regidas por fatores sensíveis e espirituais, sendo o coração o mais profundo e mais importante deles. No entanto, isso não significa que estejam sempre em harmonia uns com os outros. Nossos desejos estão longe de concordar em todos os momentos com as nossas necessidades objetivas, as necessidades que Deus colocou em nós como criaturas dele. Nossos valores não estão sempre de acordo com as normas de Deus — longe disso![11]

O fato de termos necessidades, desejos e valores atuando de forma entrelaçada (Figura 16) não significa que sempre estarão em harmonia. É possível, por exemplo, que nossos desejos se alinhem com nossas necessidades e não sejam compatíveis com os nossos valores. Em outro caso, os nossos valores por si mesmo são incoerentes. Para os cristãos, isso se dá quando essas necessidades e esses desejos não são adequados àquilo que Deus quer para nós, o que ele nos revelou por meio da sua Palavra.

Mais ainda, é possível haver diferentes formas de desarmonia. Em alguns casos, a relação pode até ser harmônica em algum nível, mas jamais será plena devido ao pecado que nos corrompe e inclina o nosso coração para o mal. Nós, cristãos, não podemos ignorar esse fato.

Essa relação tríplice também nos ajuda a fugir de um equívoco: acreditar que os desejos são ruins. Não necessariamente! Podemos ter desejos bons. Não há nada de errado em desejar comer uma pizza com os amigos na

---

11 Ibid., p. 94.

130 *Click sem bait*

sexta-feira, por exemplo. Seria, sim, um problema caso ele fosse incompatível com nossos valores ou nossas necessidades, caso a nossa motivação para isso fosse ruim ou caso ele fosse fruto de uma cobiça, como tratarei adiante.

> Uma das características ímpares dos seres humanos é não poder fazer nada sem o tipo de orientação e direção que uma cosmovisão dá. [...] Não apenas as nossas visões e os nossos argumentos que são decisivamente afetados pela nossa cosmovisão, mas todas as decisões específicas que somos forçados a tomar.[12]

Na prática

Quais são as implicações práticas desse conhecimento para os profissionais de marketing? O que isso muda na nossa forma de trabalhar, nas nossas estratégias e na comunicação com o público? John Frame nos dá uma pista:

> Devemos aconselhar as pessoas a não agirem com base nas emoções momentâneas. Também devemos aconselhá-las a não agir com base em qualquer ideia que lhes surja na mente, ou num desejo ou impulso qualquer. Todavia, ideias que são moderadas, refinadas e sustentadas em oração até gerarem descanso cognitivo devem gerar boas ações.[13]

Reconhecendo a integralidade humana, não devemos aconselhar as pessoas a tomarem decisões imediatistas. Ao contrário, elas devem ser moderadas, refinadas, refletidas e levadas em oração, para termos a condição que é popularmente tida como "paz" – quando estamos conscientes e sem receios. Para se referir a isso, ele usa a expressão descanso cognitivo.

Tudo que vimos até agora neste capítulo e no anterior foi para chegar até aqui. Quando pensamos no marketing, é evidente que não temos o controle sobre os compromissos religiosos do público nem sobre o quanto ele está ou não em harmonia com seus valores, suas necessidades e seus desejos. No entanto, nossas práticas precisam ser direcionadas para auxiliar e contribuir com o próximo, ao invés de explorá-lo e abusá-lo.

Esse abuso, no caso do marketing, pode acontecer de diferentes formas. No aspecto sensorial, provocando intencionalmente sentimentos negativos, como a ansiedade, para estimular uma venda. No aspecto econômico, quando há um aumento exorbitante na precificação de um produto diante da oportunidade de uma grande demanda. No aspecto simbólico, quando a comunicação é excessivamente emocionalista diante de uma situação de vulnerabilidade do público.

---

12 WOLTERS, *A criação restaurada*, p. 17.

13 FRAME, *A doutrina da vida cristã*, p. 370.

A partir de uma ética bíblica, nosso entendimento sobre o ser humano —
inclusive sabendo que ele pode tomar decisões desarmônicas, com o coração
desajustado e sem equilíbrio entre sua cognição, volição e afetos — deve ser
usado não em benefício próprio, mas para auxiliá-lo em suas escolhas, dando
a melhor condição possível para que haja descanso cognitivo. Em última instância, uma boa decisão é aquela que glorifica a Deus, que está em harmonia e
em obediência com o pacto que o Senhor fez com as suas criaturas. Portanto,
o aspecto confessional não pode ser deixado de fora.

✳ CAPÍTULO 17 ✳

Nenhum outro deus: primeiro ao terceiro mandamentos

Ontem sonhei com a palavra do pastor
Ao invés de grana, ofertei o amor
Sonhei com uma religião sem demanda
Onde o deus coração manda.

"Sonhos", de Inquérito (part. KL Jay)

Embora alguns possam considerar o Decálogo cristão antiquado ou desnecessário para os dias atuais, ele forma a espinha dorsal da ética cristã. Uma correta compreensão da Lei nos leva a enxergá-la menos como imposições arbitrárias e penosas de um deus autoritário e mais como princípios que expressam o cuidado e o zelo de um Deus bondoso que anseia pelo nosso bem. Além disso, em última instância, a Lei de Deus tem o propósito de glorificá-lo: quando vivemos de forma harmônica com a vontade do Senhor, honramos a sua santidade. Assim, neste e nos demais capítulos desta seção, quero te ajudar a entender como os dez mandamentos podem ser aplicados contemporaneamente no contexto do marketing.

Uma visão geral do Decálogo, antes de entrar nas especificidades de cada ponto, pode compreendê-lo em duas partes, para fins didáticos: a primeira parte vai do primeiro ao quarto mandamentos, que tratam da nossa relação direta com Deus. A segunda vai do quinto ao décimo, que tratam da nossa relação com o outro. Começando pelos três primeiros, temos o seguinte:

[Primeiro] Não terás outros deuses além de mim. **[Segundo]** Não farás para ti imagem esculpida, nem figura alguma do que há em cima no céu, nem embaixo na terra, ou nas águas debaixo da terra. Não te curvarás diante delas, nem as cultuarás, pois eu, o Senhor teu Deus, sou Deus zeloso. Eu castigo o pecado dos pais nos filhos até a terceira e quarta geração daqueles que me rejeitam; mas sou misericordioso com mil gerações dos que me amam e guardam os meus mandamentos. **[Terceiro]** Não tomarás o nome do Senhor teu Deus em vão; porque o Senhor não considerará inocente quem tomar o seu nome em vão (Êxodo 20:3-7).

O primeiro mandamento: não terás outros deuses

Uma boa explicação sobre o primeiro mandamento se encontra no Catecismo de Heidelberg (1563). Os catecismos são documentos históricos da igreja, organizados em uma estrutura de perguntas e respostas para auxiliar na formação de cristãos, sobretudo os novos na fé. Assim, ele responde que:

94. O que Deus ordena no primeiro mandamento?

Primeiro: para não perder minha salvação, devo evitar e fugir de toda idolatria (1), feitiçaria, adivinhação e superstição (2). Também não posso invocar os santos ou outras criaturas (3). Segundo: devo reconhecer devidamente o único e verdadeiro Deus (4), confiar somente n'Ele (5), me submeter somente a Ele (6) com toda humildade (7) e paciência. Devo amar (8), temer (9) e honrar (10) a Deus de todo o coração, e esperar todo o bem somente d'Ele (11). Em resumo, devo renunciar a todas as criaturas e não fazer a menor coisa contra a vontade de Deus (12).[1]

Reconhecendo isso, uma pergunta deve ser feita e respondida com honestidade: em que você deposita a sua esperança? Você deve avaliar se seus compromissos últimos e suas expectativas redentoras estão nas suas estratégias de marketing, nas promessas de sucesso de um guru, no seu perfil com dezenas de milhares de seguidores, no cliente de grande retorno financeiro ou em Deus.

Talvez pareça óbvio, mas não é, pois muitas vezes nós, cristãos, não colocamos nossa confiança total em Deus, sobretudo porque o marketing digital tem recebido mais visibilidade e sendo vendido como uma possibilidade de promover independência, sucesso financeiro ou autonomia àqueles que usufruem dele para viabilizar seus negócios.

Precisamos, a todo momento, sondar nossos corações e avaliar nossas motivações. A idolatria é real, e pode acontecer de formas muito sutis,

---

1 Catecismo de Heidelberg (1563). Disponível em: http://www.monergismo.com/textos/catecismos/catecismo_heidelberg.htm.

especialmente em uma área como o marketing, que lida diretamente com os nossos anseios mais profundos e pode nos trazer a ilusão de falsos deuses que aparentam ser muito melhores do que o Deus verdadeiro.

Deus é o Senhor de toda a nossa existência e realidade criada. Tanto sobre aquilo que fazemos aos domingos nos cultos públicos, quanto sobre aquilo que fazemos a partir de segunda-feira nas nossas rotinas de trabalho e atividades domésticas. Ele é Senhor de nossas mídias sociais, dos clientes que atendemos, de absolutamente tudo. Todas as nossas escolhas, decisões, pensamentos e ações estão sob o senhorio de Deus. Toda a nossa existência precisa estar conforme a vontade divina revelada nas Escrituras.

Contextualizando

Em 2021, uma notícia a respeito de uma artista e influenciadora brasileira trouxe a seguinte manchete: "Romagaga chora ao perder conta de 1,6 milhão de seguidores no Instagram".[2] Na notícia, há um relato da própria artista sobre tal episódio:

> Só sinto vontade de chorar. A perda do Instagram só foi o estopim pra eu entrar numa depressão. [...] Aquela Romagaga feliz de antigamente, que fazia as pessoas rirem, morreu há muito tempo. Tenho medo de não sair dessa.

Esse é apenas um recorte de algo que está público na mídia para nos ajudar a compreender tudo isso que temos falado quanto à idolatria. A ideia aqui não é desprezar os sentimentos ou a dor da artista, tampouco criticá-la, mas mostrar, com um caso real, o quanto uma relação desajustada com as mídias sociais pode nos afetar. Nesse contexto, se tratava de alguém que trabalha usando as redes. Elas são uma das suas ferramentas profissionais e, provavelmente, uma das suas fontes de renda. Era por meio do seu perfil no Instagram que ela tinha contato e interagia com seu público de, até então, mais de 1,6 milhão de seguidores.

É impossível mensurar o que essa perda representou para ela. Inclusive, é cômodo tratar sobre o assunto estando de fora. No entanto, uma coisa é verdade: tal reação ao acontecimento expressa o quanto da sua confiança e da sua esperança estavam depositadas no seu trabalho, especificamente no seu perfil. É um exemplo daquilo que compreendemos por idolatria em uma perspectiva cristã. Não significa que é errado sentir tristeza. É lícito e normal. Mas a esperança última não pode estar em uma empresa, em uma mídia social, em

---

2 "Romagaga chora ao perder conta de 1,6 milhão de seguidores no Instagram", *UOL*, 12 fev. 2021. Disponível em: https://tvefamosos.uol.com.br/noticias/redacao/2021/02/12/romagaga-chora-ao-perder-conta-de-16-milhao-de-seguidores-no-instagram.htm.

uma instituição, em um cliente ou em um treinamento que custou alguns milhares de reais. Nossa confiança precisa estar em Deus, e somente nele.

A aplicação do primeiro mandamento do Decálogo não diz respeito à nossa forma de atuar no marketing, mas ao compromisso último do nosso coração. Antes da prática, é necessário tratar das motivações. Essa é a primeira questão sobre a qual um profissional cristão precisa ter consciência ao lidar com seu ofício diário. Colocar nosso coração no lugar certo é a condição de possibilidade para uma prática eticamente cristã.

Idolatria está relacionada ao vício

Vício é um termo importante, mas que acabou sendo banalizado. Horton nos chama a atenção sobre essa palavra ao apontar que "vício é simplesmente um eufemismo para idolatria".[3] Todo vício expressa uma relação idólatra, pois bebida, sexo, trabalho, jogos, por aí vai, assumem a posição de uma divindade com a promessa de redenção, esperança ou satisfação última.

Uma pesquisa publicada em 2021 pela *Cuponation*[4] trouxe alguns dados surpreendentes. O brasileiro gasta, mensalmente, em média 30 horas no WhatsApp, 15 horas no Facebook e 14 horas no Instagram. Talvez não pareça, mas são números muito expressivos! Considerando as demais mídias e serviços, em média são gastas 4,8 horas por dia no uso de dispositivos móveis. Isso é o equivalente a 20% de um dia.

Os que utilizam esses recursos como ferramentas de trabalho não representam o todo da população.[5] Mas quem gasta essa quantidade de horas apenas para entretenimento pessoal tem uma relação problemática com a tecnologia. Mais uma vez: é necessário sondar o coração! A busca nas mídias sociais por alívio para uma vida estressante, pressão do trabalho ou como uma espécie de fuga da realidade é idólatra.

As aplicações práticas para o marketing

Pensando na nossa atuação profissional, nas marcas ou no público, não devemos apenas fugir da nossa idolatria pessoal, como também não levar outras pessoas a relações idólatras ao oferecer promessas de esperança ou redenção nos produtos e serviços que comercializamos.

---

3   HORTON, *A lei da perfeita liberdade*, p. 35.

4   "Tempo gasto nas mídias sociais 2021", *Cuponation*, 2021. Disponível em: https://www.cuponation.com.br/insights/temponasmidias-2021.

5   "Mundo se aproxima da marca de 5 bilhões de usuários de internet, 63% da população", *Insper*, 2022. Disponível em: https://www.insper.edu.br/noticias/mundo-se-aproxima-da-marca-de-5-bilhoes-de-usuarios-de-internet-63-da-populacao/.

Nenhum outro deus: primeiro ao terceiro mandamentos *137*

Se eu fizesse uma campanha de divulgação deste livro com uma promessa redentora de transformação da vida de quem o adquirir e ler, provavelmente estaríamos forçando ou reafirmando uma relação idólatra. Estaria induzindo o público — no caso, você, leitor — a depositar sua confiança nele para resolver todas as suas crises e seus dilemas na relação entre a fé e o trabalho. É claro que quero auxiliá-lo, mas o livro é só um livro.

Esse exemplo parece banal, porque estamos falando de um produto que custa algumas poucas dezenas de reais, mas imagine produtos mais caros: um tratamento estético, um curso de alto custo, uma pós-graduação, a compra de um imóvel, um carro. Uma abordagem de comunicação que coloca uma expectativa redentora em qualquer um desses itens está afirmando uma relação idólatra também, uma vez que a coisa toma o lugar de Deus como necessidade última do indivíduo.

Enquanto eu organizava este conteúdo, um amigo me enviou o trecho de um e-mail que recebeu de uma instituição cristã que estava promovendo um curso livre online para capacitação ministerial. Para preservar sua identidade, vou me referir a ele como "Estudante", e à instituição como "Escola".

> Desistiu de cumprir o seu chamado, Estudante??
>
> Tem certeza que vai desistir do seu chamado? Estou te enviando esse e-mail porque ontem te demos a chance de entrar para a Escola, mas vimos que você ainda não entrou.

Não sei se está claro para você o quanto essa mensagem é problemática teologica e eticamente. Perceba a seriedade do que ele está questionando. Estão afirmando que uma instituição de ensino ministerial específica, dentre tantas outras em meio às diferentes tradições teológicas e à história da igreja, é a responsável em ajudar um indivíduo a cumprir o seu chamado. Caso o Estudante não aproveite essa chance, estará abrindo mão do chamado que o próprio Deus lhe fez. Há problemas teológico e ético. Por melhor que seja as intenções, ou por mais bíblica e piedosa que seja a Escola, existe um problema sério na comunicação. Há uma promessa quase redentiva-escatológica na oferta.

Isso nada mais é do que uma forma muito sofisticada de idolatria. A revelação de Deus nas Escrituras deixa de ser a condição de possibilidade para que a pessoa responda ao chamado divino. Percebe a mudança de foco? O problema não está em vender cursos, e sim em oferecê-los como a única alternativa viável e necessária para o desenvolvimento espiritual e ministerial de alguém.

Além disso, parece-me um tanto quanto presunçoso dizer que "ontem te demos a chance de entrar para a Escola". Isso soa, no mínimo, muito forçado. A impressão é que estão tentando, ao enviar esse novo e-mail de venda, fazer uma espécie de favor ao Estudante ao dar a ele a "imperdível oportunidade" de se tornar aluno.

138 *Click sem bait*

Esse é um ótimo exemplo do que não fazer. Insisto para que nós, profissionais de marketing, sejamos transparentes, sinceros e honestos. Que possamos não cair no erro de tentar oferecer às pessoas propostas de redenção em quaisquer coisas que não sejam o Deus verdadeiro, Pai do nosso Senhor Jesus.

O terceiro mandamento: o nome de Deus em vão

Dando continuidade em tudo o que foi falado até aqui, o Catecismo de Heidelberg também nos auxilia a compreender o terceiro mandamento:

> *99. O que Deus ordena no terceiro mandamento?*
>
> Não devemos blasfemar ou profanar o santo nome de Deus por maldições (1) ou juramentos falsos (2) nem por juramentos desnecessários (3). Também não devemos tomar parte em pecados tão horríveis, ficando calados quando os ouvimos (4). Em resumo, devemos usar o santo nome de Deus somente com temor e reverência (5) a fim de que ele, por nós, seja devidamente confessado (6), invocado (7) e glorificado por todas as nossas palavras e obras (8).[6]

Perceba que a resposta do Catecismo tem oito implicações, dando uma maior amplitude à abrangência do mandamento e às suas implicações práticas para nós. Horton também nos auxilia a aplicá-lo, contextualizando-o com o nosso trabalho:

> Sempre que realizamos um trabalho de forma não satisfatória, estamos dando oportunidade ao ceticismo. Nossa motivação para a excelência — na educação, no trabalho, nos relacionamentos, em casa — deve ser a santidade da reputação de Deus. Estamos "lá fora" no mundo como representantes escolhidos do Seu governo. Tudo o que fazemos se reflete no nosso chefe de estado.[7]

O autor defende que quebramos o terceiro mandamento não apenas quando usamos o nome de Deus em vão na nossa linguagem, durante uma conversa, por exemplo, mas sempre que o nosso trabalho não é executado de forma satisfatória e dedicada — seja o profissional, as atividades domésticas ou os estudos. Quando esse é o caso, damos um mau testemunho enquanto cristãos e deixamos de glorificá-lo com as nossas obras.

Nossa vocação precisa ser exercida de forma íntegra. O terceiro mandamento implica ter uma relação de respeito, clareza e serviço com nossos clientes, consumidores, empregados ou empregadores, de modo a zelar pela

---

6   Catecismo de Heidelberg (1563). Disponível em: http://www.monergismo.com/textos/catecismos/catecismo_heidelberg.htm.

7   HORTON, *A lei da perfeita liberdade*, p. 88.

reputação de Deus por meio do nosso testemunho público. Isso vale para os profissionais de marketing, para os voluntários de equipes de comunicação, para estudantes que entrarão no mercado em breve ou para as pessoas que se dedicam à área acadêmica. Evitar usar o nome de Deus em vão é mais que não falar errado, é também não agir da forma errada.

Precisamos recuperar um senso de responsabilidade no nosso trabalho diário. Sempre que estivermos vendendo, formulando estratégias, lidando com o público, pesquisando, propondo alternativas, elaborando planos de comunicação ou lidando com parceiros, precisamos nos lembrar que somos representantes de Deus, e que o que fazemos necessariamente oferece um testemunho. Se ele será bom ou não, em obediência ou não, será dado.

✳ *CAPÍTULO 18* ✳

O descanso e o abuso da mídia: quarto e sexto mandamentos

*Eu tô pegando leve
Tentando descansar
Meu nível de estresse
Ainda vai me matar.*

"Pegando Leve", de O Terno

Neste capítulo, farei a transição entre os mandamentos que tratam da nossa relação direta com Deus (primeiro ao quarto) para os que tratam da relação indireta com ele, dando uma ênfase maior em nossos relacionamentos com os outros (quinto ao décimo). Apresentarei como o quarto e o sexto mandamentos podem ser aplicados no uso das mídias sociais:

Lembra-te do dia de sábado, para o santificar. Seis dias trabalharás e farás o teu trabalho; mas o sétimo dia é o sábado do Senhor teu Deus. Nesse dia não farás trabalho algum, nem tu, nem teu filho, nem tua filha, nem teu servo, nem tua serva, nem teu animal, nem o estrangeiro que vive contigo. Porque o Senhor fez em seis dias o céu e a terra, o mar e tudo o que neles há, e no sétimo dia descansou. Por isso, o Senhor abençoou o dia de sábado e o santificou.

Honra teu pai e tua mãe, para que tenhas vida longa na terra que o Senhor teu Deus te dá. Não matarás (Êxodo 20:8-13).

A guarda do sábado

Antes de entrar nas questões mais propositivas, preciso pavimentar o caminho com duas questões importantes: a compreensão sobre o que significa biblicamente a palavra "sábado" e quais são as principais objeções com relação à guarda desse dia.

Ao contrário do uso contemporâneo mais comum, quando essa palavra — *Shabbath* — é usada nas Escrituras, seu significado é "descanso".[8] Portanto, quando Deus ordena para "lembrar do dia de sábado", ele não está nos ordenando a um dia específico na semana, mas a descansar.

Na compreensão do povo hebreu, o sábado era literalmente o sétimo dia da semana. No entanto, alguns eventos do Novo Testamento o substituíram pelo domingo. A própria ressurreição de Jesus (Mateus 28:1), bem como suas aparições posteriores (Mateus 28; Lucas 24:13-39; João 20:1,26,29), aconteceram em um domingo. Assim, a reunião da igreja (Atos 20:7) e a tradição patrística posterior fizeram dele como sendo o nosso *Shabbath*.

Se antes o dia do descanso acontecia após uma jornada de seis dias de trabalho, como um alívio da fadiga física e expressando a expectativa do descanso no Cristo que viria, agora é o oposto. Ele passa a ser o primeiro. Descansamos em Jesus, que é uma realidade para nós, para então podermos trabalhar. Se antes o descanso era um alívio do trabalho, agora nós trabalhamos já descansados em Cristo.

Objeções à guarda do sábado

Há algumas objeções[9] quanto à guarda do sábado. Não entrarei nas diferenças de interpretações específicas de cada tradição teológica,[10] mas sim nas questões que podem ser comuns a todas elas.

A primeira diz que o descanso é um vestígio obsoleto de uma sociedade antiga e agrária, que não se aplica aos nossos dias. Tal afirmação não se sustenta porque, em primeiro lugar, se trata de uma ordenança criacional: o descanso é algo que Deus confere a nós antes da Queda. O próprio Deus descansou (Gênesis 2:2), e espera que o imitemos. Além disso, essa ordenança constitui o Decálogo. Para sermos coerentes ao ignorar a guarda do sábado, também deveríamos ignorar todos os outros nove mandamentos. Não há legitimidade nessa escolha arbitrária sobre o que seguir ou não;

---

8   FRAME, *A doutrina da vida cristã*, p. 492.

9   HALL, David. W.; BURTON, Matthew D. *Calvino e o comércio*, p. 48.

10 Para saber mais, leia: FRAME, *A doutrina da vida cristã*, p. 491-504; CARSON, D. A. *Do shabbath para o dia do Senhor* (São Paulo: Cultura Cristã, 2019).

O descanso e o abuso da mídia: quarto e sexto mandamentos **143**

sobre qual mandamento obedecer e qual desobedecer. Nós não temos esse direito de escolha.

A segunda é que o descanso seria ineficiente e inútil para empreendedores ou profissionais autônomos. Parar um dia da semana não traria benefício, pois seria uma renúncia a uma parte dos lucros. A princípio, essa objeção não está errada. De fato, quando uma empresa permanece fechada durante um dia, seus lucros provavelmente serão menores do que se estivesse aberta. Contudo, é incompatível com as orientações bíblicas. Está muito mais relacionada com uma visão modernista da realidade, em que nossa esperança, segurança e expectativas estão depositadas na nossa capacidade de produção e desenvolvimento, do que relacionada a uma visão bíblica, em que o descanso expressa a confiança na provisão de Deus. A conclusão está correta, mas seu fundamento não: é uma crença no progresso.[11]

A terceira diz que pouquíssimos cristãos de fato cumprem tal mandamento. Essa talvez seja a objeção mais superficial, pelo simples motivo de não ser uma justificativa. Não é porque muitos não fazem que também não faremos. Nosso compromisso é com Deus e sua revelação nas Escrituras, não com o comportamento de terceiros.

Implicações práticas

Ao instituir o descanso como uma ordenança criacional e um mandamento, Deus está nos livrando da escravidão contemporânea do trabalho e da produtividade. Ao descansarmos, temos a possibilidade de desfrutarmos da criação. O quarto mandamento é um sinal da graça e da misericórdia de Deus, que visa ao nosso próprio bem. Abdicar disso nada mais é do que uma idolatria. Descansar é dizer que nós não dependemos apenas do esforço do nosso próprio braço. Demonstramos ao Senhor que, em última instância, nossa provisão e segurança provêm dele. Mais ainda, descansamos porque, pela obra redentora de Cristo, já recebemos tudo de que realmente precisamos. A guarda do sábado, no fim das contas, é um antídoto para o vício do trabalho e um freio para a nossa ânsia de produtividade excessiva.

O dia do descanso também tem um propósito maior. Deus deseja que o adoremos e tenhamos comunhão com o seu povo regularmente. O trabalho não é a única atividade que importa. Ainda que a adoração a Deus tenha que acontecer no nosso dia a dia, necessitamos de um dia na semana para nos reunirmos como corpo na nossa adoração comunitária e pública, nos edificando mutuamente.

---

11 GOUDZWAARD, *Capitalismo e progresso*, p. 63.

O sábado e a nossa relação com as mídias

Quando pensamos em algumas das estratégias de marketing contemporâneas, sobretudo aquelas voltadas para o digital, é muito comum nos depararmos com o volume de conteúdo. Parece que há uma pressão cultural para que as pessoas que desejam se destacar e sobreviver na competição das mídias tenham que produzir a todo momento.

Uma pesquisa rápida no YouTube nos fará deparar com os seguintes títulos: "Quantos posts por dia?", "Stories constantes", "Vire escravo do Instagram", "Quantos stories postar?", "Postar todo dia?", "É por isso que eles crescem" e vários outros. A tônica é sempre a mesma: volume, quantidade e constância. Muitos "gurus" tentam apresentar fórmulas de crescimento e engajamento que exigem uma dedicação tamanha que faz com que outras atividades paralelas se tornem insustentáveis. Os que não têm o empenho necessário para seguir tais protocolos são considerados "fracos". Apenas as pessoas realmente dispostas alcançariam o sucesso.

O problema não está na produção de conteúdo. Contudo, nós, cristãos, recebemos uma ordem de Deus para descansarmos, ainda que essa não seja a nossa vontade. Mesmo que o "Adão" que habita em nós queira continuar produzindo ininterruptamente para as suas mídias sociais, trabalhando sem o devido descanso, Deus nos ordena a parar.

Para nós, que estamos no contexto do marketing ou na comunicação de uma forma geral, é necessário subverter um imperativo cultural: não trabalhamos 24 horas, não estamos disponíveis a todo momento, não respondemos todas as mensagens de forma instantânea e não atendemos nossos clientes em qualquer dia e horário.

Isso significa trabalhar de forma displicente ou pouco comprometida? De forma alguma! Mas a ética cristã nos ampara biblicamente para podermos confiar mais em Deus do que em nosso próprio esforço; mais no Criador do universo do que no algoritmo. Na prática, significa reconhecer que devemos lidar com os ritmos das mídias sociais de uma maneira distinta daqueles que não professam a nossa fé.

Nesse mesmo sentido, embora com outros pressupostos, Byung-Chul Han conduz uma crítica muito pertinente sobre a relação entre trabalho e descanso a partir da sua leitura da sociedade contemporânea:

> A pausa é apenas uma fase do tempo de trabalho. Hoje não temos nenhum outro tempo senão o tempo de trabalho. Assim, o trazemos não apenas para as [nossas] férias, mas também para o [nosso] sono. Por isso dormimos inquietos hoje.[12]

---

12 HAN, *No enxame*, p. 40 (Kindle).

O autor defende que, atualmente, nosso tempo é orientado pelo trabalho. Assim, em vez de termos tempos de descanso — como as Escrituras nos ordenam —, na prática, há apenas uma pausa no tempo de trabalho. A diferença é sutil, mas importante. Quando falamos de descanso, estamos reconhecendo que o trabalho findou. Daquele momento em diante, ele não é mais uma preocupação, pois nos desligamos das atividades laborais.

No entanto, apenas pausamos o trabalho em vez de descansarmos. O trabalho ainda está ali, presente, mesmo que indiretamente. Nossa cabeça ainda está nele e retornaremos a ele daqui a algum tempo. Assim, na sociedade contemporânea, o tempo é de trabalho — a diferença é se ele está ativo ou em pausa. Mais uma vez, trata-se de um desdobramento da fé no progresso.

Mesmo não sendo um filósofo cristão, Byung-Chul Han percebeu que havia algo errado, deixando claro que o mandamento que ordena o descanso não é mera arbitrariedade de Deus, e sim uma demonstração do seu zelo e cuidado para com o seu povo. Faz ainda mais sentido em um mundo de onipresença digital, em que somos levados a crer que devemos estar disponíveis, trabalhando e usufruindo das mídias sociais a todo momento.

> Hoje somos, de fato, livres das máquinas da época industrial, que nos escravizavam e nos exploravam, mas os aparatos digitais produzem uma nova coação, uma nova exploração. Eles nos exploram ainda mais eficientemente na medida em que eles, por causa de sua mobilidade, transformam todo lugar em um local de trabalho e todo o tempo em tempo de trabalho.[13]

Perceba o quanto a ordem para o descanso se faz necessária e, em certo sentido, é contracultural. Se não formos intencionais, como nos pede a obra de Cristo, os ritmos e rotinas das mídias sociais não nos permitirão descansar. Nesse sentido, Bauman complementa que: "Na cultura 'agorista', querer que o tempo pare é sintoma de estupidez, preguiça ou inépcia. Também é crime passível de punição".[14]

O sociólogo propõe uma leitura semelhante à apresentada. Ele aponta que, na cultura agorista,[15] o tempo não pode ser desperdiçado, dado que ele é extremamente valioso. Nessa perspectiva, seguir o Decálogo é uma insensatez. Aqueles que não estão dispostos a trabalhar em demasia, excedendo as jornadas de duração convencional, são considerados preguiçosos ou fracos. Parar significa uma enorme perda de tempo.

---

13 Ibid., p. 41.

14 BAUMAN, *Vida para o consumo*, p. 51.

15 Termo cunhado por Stephen Bertman para se referir à maneira como vivemos na nossa sociedade atual. Para saber mais, leia: BERTMAN, Stephen. *Hyperculture: the human cost of speed* (Praeger, 1998).

Click sem bait

O trabalho é importante, e ter uma boa produtividade é algo desejável. Ser responsável com os nossos afazeres, nos dedicarmos a eles para sermos melhores profissionais, é louvável. Mas o trabalho não é nossa finalidade última. Ele não deve ocupar todos os espaços da nossa vida. O descanso também tem — e precisa ter — o seu lugar.

E mais: temos que pensar o quanto a nossa relação pessoal com as mídias sociais endossa ou não a guarda do sábado; o quanto nossos planejamentos, nossas ações e postagens contemplam esse princípio do descanso; o quanto não reproduzimos um fluxo ininterrupto, cedendo à tentação do instantâneo e imediato.

Precisamos lembrar que somos influenciados e moldados pela cultura e também a influenciamos. Tudo aquilo que fazemos reflete uma forma de enxergar a realidade, estejamos conscientes disso ou não. Portanto, devemos nos perguntar o que estamos comunicando quando trabalhamos da forma como trabalhamos; qual visão de mundo que estamos compartilhando; se estamos expressando uma ética bíblica que reconhece não só a importância, mas também a necessidade do descanso ou uma visão de mundo *agorista*.

Não matarás!

Talvez você esteja se perguntando o que homicídio tem a ver com a ética do marketing. De acordo com o Catecismo de Heidelberg, o sexto mandamento não se refere apenas ao assassinato de uma pessoa, como muitas vezes é entendido por uma leitura superficial:

> 105. O que Deus ordena no sexto mandamento?
>
> Eu não devo desonrar, odiar, ofender ou matar meu próximo (1), por mim mesmo ou através de outros. Isto não posso fazer, nem por pensamentos, palavras, ou gestos e muito menos por atos. Mas devo abandonar todo desejo de vingança (2), não fazer mal a mim mesmo ou, de propósito, colocar-me em perigo (3).[16]

De igual modo, Michael Horton também mostra as implicações desse mandamento, expandindo e aplicando o seu significado em duas perspectivas diferentes:

> Negativamente, o sexto mandamento insiste que não devemos matar outra pessoa por pensamento, palavra, gesto ou fala, muito menos por ação [...] positivamente, o mandamento exige que façamos tudo em nosso poder para cuidar da saúde e do bem-estar do nosso próximo.[17]

---

16 Catecismo de Heidelberg (1563). Disponível em: http://www.monergismo.com/textos/catecismos/catecismo_heidelberg.htm.

17 HORTON, *A lei da perfeita liberdade*, p. 136.

O descanso e o abuso da mídia: quarto e sexto mandamentos *147*

Para além da proibição de tirar a vida alheia, devemos promover a manutenção da vida do nosso próximo. Ele explica com uma citação de Calvino: "Nosso próximo carrega a imagem de Deus: usá-lo, abusar dele, ou aproveitar-se dele é fazer violência à pessoa de Deus que se reflete em cada alma humana, apesar da Queda".[18]

O "não matarás", portanto, não diz respeito somente à morte física. Sempre que prejudicamos alguém em pensamento, palavras ou ações, o mandamento é quebrado — é um atentado ao indivíduo prejudicado e à pessoa de Deus, cuja imagem está presente em cada ser humano. Quando abusamos de alguém, violentamos a imagem do Criador.

A partir disso, precisamos refletir sobre o quanto das práticas de profissionais de marketing usam, abusam ou aproveitam do nosso próximo, ofendendo a imagem de Deus. Indo além, é preciso questionar o quanto daquilo que nós fazemos, vendemos, promovemos contribui para o bem do outro e reconhece a sua dignidade.

A questão não é apenas não causar o mal, mas agir intencionalmente para contribuir com o bem. Não há neutralidade: ou estamos conscientes da lei e nos empenhando para cumpri-la, apesar de nossas limitações e de reconhecermos que nunca conseguiremos satisfazê-la por completo, porque Cristo o fez por nós; ou a quebraremos deliberadamente.

Meu desejo e oração é para que você não julgue que se trata de mera elucubração teológica, e sim compreenda a importância dessas questões para uma vida profissional que engrandece o nome de Cristo por meio de um bom testemunho público e de uma consciência moldada pelos padrões bíblicos.

---

18 Ibid., p. 150.

✳ CAPÍTULO 19 ✳

Não furtarás... nem no marketing: oitavo mandamento

> Quem me dera rir
> como hoje eu vi no comercial!
> Se eu comprar, vou ser igual?
> Aí o meu dia rende mais?
>
> **"Dia Corrido", de Pense**

O oitavo mandamento do Decálogo é bem direto: "Não furtarás" (Êxodo 20:15). Mais uma vez, usarei o Catecismo de Heidelberg para compreendermos de forma um pouco mais profunda o que ele exige que não façamos:

110. O que Deus proíbe no oitavo mandamento?

Deus não somente proíbe o furto (1) e o roubo (2) que as autoridades castigam, mas também classifica como roubo todos os maus propósitos e as práticas maliciosas, através dos quais tentamos nos apropriar dos bens do próximo (3), seja por força, seja por aparência de direito, a saber: falsificação de peso, de medida, de mercadoria e de moeda (4), seja por juros exorbitantes ou por qualquer outro meio, proibido por Deus (5). Também proíbe toda avareza (6) bem como todo abuso e desperdício de suas dádivas (7).[1]

---

1 Catecismo de Heidelberg (1563). Disponível em: http://www.monergismo.com/textos/catecismos/catecismo_heidelberg.htm.

150 *Click sem bait*

E o que devemos fazer:

> *111. Mas o que Deus ordena neste mandamento?*
>
> R. Devo promover tanto quanto possível, o bem do meu próximo e tratá-lo como quero que outros me tratem (1). Além disto, devo fazer fielmente meu trabalho para que possa ajudar ao necessitado (2).[2]

Assim como nos anteriores, é comum cair no erro de supor que ele se refere apenas a um furto ou roubo no seu sentido mais clássico, por exemplo, quando alguém é assaltado na rua. Compreendê-los a fundo tem desdobramentos importantes para a nossa vida e nosso trabalho. Michael Horton também nos auxilia com isso:

> [...] uma pessoa furta não só quando rouba o cofre de um homem ou sua carteira, mas também quando tira vantagem de seu próximo no mercado, na mercearia, no açougue, na adega, nas oficinas e, resumindo, em todo lugar onde haja negociação e dinheiro é trocado por bens ou trabalho.[3]

Perceba que o oitavo mandamento, tanto para o Catecismo como para Horton, também abrange o fato de tirar qualquer vantagem sobre outra pessoa. Vale ressaltar que "tirar vantagem" não significa que um indivíduo não possa gerar lucro ao vender um produto por um preço menor, por exemplo. Essa expressão, na verdade, se refere a uma relação comercial injusta ou enganadora, a exemplo de um mercado que usa uma balança intencionalmente descalibrada para cobrar mais por uma certa quantidade de legumes ou então um prestador de serviço que cobra do seu cliente por algo que não estava dando problema apenas para receber mais.

Para nós, que trabalhamos com marketing ou comunicação, isso é extremamente importante, porque, com frequência, suas estratégias e ferramentas são usadas para tirar vantagem do consumidor. Ainda que de maneira sutil, elas podem levar à quebra da lei, como veremos adiante.

Mesmo que algumas práticas não sejam crimes, podem ser erradas na perspectiva da ética cristã fundamentada no Decálogo. O padrão civil da nossa sociedade não é suficiente para um cristão. A ética bíblica, como já vimos nos capítulos iniciais, o ultrapassa. Por isso é necessário termos consciência dela.

> O "comércio", ou o que chamaríamos hoje de "marketing", não é uma profissão desonrosa. Contudo, parece ter-se tornado cada vez mais uma profissão cínica e inescrupulosa nas décadas recentes. [...] Um cristão na profissão deve perguntar,

---

2 Ibid.

3 HORTON, *A lei da perfeita liberdade*, p. 177.

Não furtarás... nem no marketing: oitavo mandamento **151**

"Estou tentando criar um desejo por algo desnecessário ou até prejudicial ao consumidor?" No comércio, assim como em outra ocupação, estamos prestando um serviço à comunidade.[4]

Muitas vezes todo o conhecimento adquirido em anos de estudos sobre as dinâmicas comerciais, o comportamento do consumidor e o funcionamento humano são aplicados com a finalidade última de apenas concluir uma venda, tendo-a como o propósito final, independentemente de suas consequências. Assim, não interessa a estratégia adotada, os recursos utilizados, o desdobramento para o outro ou como isso afeta a sociedade. No fim, o que importa é vender.

O antídoto é reconhecermos que, ao desempenharmos o nosso trabalho, estamos prestando um serviço à comunidade. Se tratando de um serviço ao outro, a última coisa que deveríamos cogitar é prejudicar o consumidor ou obter alguma vantagem sobre ele. Ao tirar vantagem de alguém, daremos glória a Satanás (João 8:44), não ao Deus criador, sustentador e redentor do universo.

Uma aplicação cotidiana

É bem provável que você já tenha se deparado com a seguinte situação: acessou a página de vendas de um determinado curso, leu as informações sobre ele, viu suas vantagens, seu programa e, do lado do botão de inscrição, uma surpresa: o vendedor dispõe de uma série de bônus e materiais complementares que elevam muito o preço final. No entanto, há um generoso desconto para você aproveitar aquela oferta nos próximos minutos. É a oportunidade de não apenas comprar o que se deseja, mas levar outros itens por um preço menor. Vantajoso, não? Observe este anúncio real, de uma instituição que se apresenta como cristã:

No total, tudo deveria custar R$ 8.779,00. Mas ao invés de você pagar o valor original de R$ 8.799,00, o investimento que você vai fazer hoje para participar do treinamento [nome do treinamento] sendo 12 encontros, duas vezes na semana, totalizando mais de 30h de aulas ao vivo com Pr. [nome do pastor] e todos os bônus exclusivos de R$ 8.799,00 por apenas 12 x R$ 99,70 ou R$997,00 à vista.[5]

Note a desproporção entre o valor que o anunciante confere ao seu produto e o preço oferecido. Ele alega que o curso vale quase nove mil reais, mas é vendido por menos de mil. Faça uma reflexão honesta: você já viu algum negócio sério dando um desconto de 90%?

---

4   Ibid., p. 184.

5   Nome da instituição e da pessoa responsável omitidos intencionalmente.

152 *Click sem bait*

Sinceramente, questiono se não seria uma transgressão do oitavo mandamento. Ainda que do ponto de vista da lei civil não haja nada de errado, do ponto de vista da lei bíblica ele está tirando vantagem do seu consumidor. Não passa de uma estratégia questionável de venda de infoprodutos conhecida como "ancoragem" — dizer que o produto vale um preço, mas depois oferecer um desconto para que o cliente pense que está fazendo uma escolha satisfatória.

Tal prática não é um caso isolado, mas um procedimento comum ensinado por alguns "gurus do marketing digital" para otimizar as vendas. O problema é que muitos cristãos, por falta de reflexão sobre a ética bíblica ou por uma visão dualista entre espiritualidade e trabalho, acabam usufruindo dessa prática. Veja outro exemplo real, também de uma instituição cristã, com uma estrutura textual muito semelhante à anterior:

> Ao invés de você pagar o valor original de R$ 4.479,00, o investimento que você fará hoje para ser aluno do [nome do curso] para ministérios e igrejas e ter acesso a todos estes bônus será de R$ 4.479,00 por apenas 12 x R$ 14,32 ou R$ 147,00 à vista.[6]

Nesse segundo caso, embora o valor seja menor, o desconto é ainda mais impressionante: quase 97%! Isso é surreal para qualquer negócio. Perceba que há um mesmo padrão se repetindo, ainda que por vendedores distintos. Com essa prática, o vendedor intenta tirar vantagem do seu público. Ele transgride a Lei de Deus, mesmo não transgredindo a lei dos homens.

Gostaria de esclarecer que não há problema em oferecer bônus ou desconto na compra. Ambos são recursos persuasivos, mas não necessariamente errados. A questão é a forma como tais recursos são utilizados, como ao colocar um preço exorbitante em um produto, de modo que dificilmente alguém pagaria por ele nessas condições, e depois aplicar um "desconto" para que o público tenha a sensação de ter vantagem. Não se trata de um desconto verdadeiro, mas de uma manipulação para induzir o consumidor a pagar o preço real, ou até mesmo maior.

As aplicações do oitavo mandamento para a nossa área também podem acontecer com outra perspectiva. Paul Rand chama a atenção para o seguinte: "Um produto mal desenhado e que cumpra a sua função não é menos aético do que um produto belo e ineficaz. O primeiro trivializa o consumidor, o segundo o engana".[7]

---

6 Nome do curso omitido intencionalmente.

7 RAND, Paul. 1990, apud ARMSTRONG, Helen. *Teoria do design gráfico* (São Paulo: Ubu Editora, 2019), p. 82.

Não furtarás... nem no marketing: oitavo mandamento

De acordo com o autor, um produto precisa conjugar forma e função. Precisa ser bem projetado do ponto de vista estético e funcionar. Essa também poderia ser outra possibilidade de compreensão da transgressão do oitavo mandamento, em que o consumidor pode não ter sido necessariamente enganado, mas tira-se vantagem dele ao vender algo ruim, formal ou funcionalmente.

Quando o tempo é roubado

A questão do tempo foi tratada no capítulo anterior sob a perspectiva do trabalho e do descanso. Agora, tratarei sobre ela na perspectiva do oitavo mandamento. Goudzwaard faz uma relação entre a escassez de tempo e os métodos publicitários:

> Quase todos na sociedade ocidental sofrem de uma espantosa escassez de tempo. [...] Há uma conexão direta entre a crescente escassez de tempo e as mudanças nos métodos de publicidade e vendas. Apenas algumas décadas atrás, as propagandas eram de natureza decisivamente informativa. [...] No entanto, uma vez que não temos mais tempo para comparar a qualidade de vários itens, [...] a publicidade moderna tornou-se sugestiva quanto à natureza. As propagandas muitas vezes visam apenas a criar a ilusão de que o consumidor se sentirá melhor e mais feliz.[8]

Ele argumenta que, à medida que o tempo foi se tornando mais escasso, alterou-se o enfoque publicitário: deixou-se de apresentar informações técnicas para atuar no campo da sugestão, do subjetivo, da sensação. A mudança em si não é controversa — o papel da publicidade, nas suas mais diversas expressões, não é apenas informar. Mas, ao omitir informação sobre o produto e serviço em uma comunicação comercial, age-se de maneira antiética.

Mais ainda, esse caráter sugestivo causou a adoção de práticas que exploram a falta de tempo do público. Refiro-me, por exemplo, quando se cria a ilusão de que o consumidor se sentirá melhor, mais feliz e mais pleno com uma aquisição, o que não é verdade, pois o problema está nos ritmos litúrgicos da vida das pessoas e na orientação de seu coração.

Em resumo, roubar o tempo ou a atenção também pode ser uma forma de quebrar o oitavo mandamento. Quando oferecemos algo ao público que difere do que foi apresentado, o tempo da pessoa foi gasto em vão. Se você que comprou um livro cuja promessa é discutir a ética no marketing a partir de uma perspectiva cristã se deparasse com uma série de histórias ou depoimentos pessoais, sem nenhuma relação com o que foi divulgado, seu tempo teria sido roubado.

---

8 GOUDZWAARD, *Capitalismo e progresso*, p. 167-8

Partindo da premissa que tanto o tempo quanto a atenção são recursos valiosos e cada vez mais escassos, devemos lidar com eles honesta e respeitosamente. Banalizar o tempo e a atenção alheia é um erro. Ao fazermos isso, estamos furtando recursos intangíveis do próximo em benefício próprio; estamos indo contra a Lei de Deus.

✳ CAPÍTULO 20 ✳

A comunicação como atributo da imagem de Deus: o nono mandamento

A minha TV tá louca,
me mandou calar a boca
E não tirar a bunda do sofá
Mas eu sou facinho de marré-de-sí
Se a maré subir eu vou me levantar.

"Xanéu nº 5", de O Teatro Mágico

Assim como o mandamento anterior, o nono também é bem direto: "Não dirás falso testemunho contra o teu próximo" (Êxodo 20:16). De acordo com o Catecismo de Heidelberg:

112. O que Deus exige no nono mandamento?

Jamais posso dar falso testemunho contra meu próximo (1), nem torcer suas palavras (2) ou ser mexeriqueiro ou caluniador (3). Também não posso ajudar a condenar alguém levianamente, sem o ter ouvido (4). Mas devo evitar toda mentira e engano, obras próprias do diabo (5), para Deus não ficar aborrecido comigo (6). Em julgamentos e em qualquer outra ocasião, devo amar a verdade, falar a verdade e confessá-la francamente (7). Também devo defender e promover, tanto quanto puder, a honra e a boa reputação de meu próximo (8).[9]

O Catecismo apresenta os desdobramentos do falso testemunho em diferentes situações, como não distorcer as palavras do outro, não condenar ninguém precipitadamente, evitar o engano e a mentira; em suma, tudo que está relacionado com a falta de verdade, bem como não defender e não promover a boa reputação do outro. Horton complementa essa explicação ao dizer que:

> [...] uma mentira, mesmo no interesse de um bem maior, é sempre um pecado, muito embora uma pessoa possa ser questionada pela sua consciência a mentir a fim de, por exemplo, salvar a vida do próximo. Aqui, a mentira ainda é um mal, mas um mal menor comparado ao assassinato.[10]

Uma mentira sempre é uma mentira, logo, um pecado. Tendo clareza quanto a isso, é importante reconhecer que:

> Neste aspecto, somos como Deus, compartilhando de sua habilidade de comunicação. [...] Contudo, o dom de comunicar louvor e admiração à majestade de Deus pode também se tornar uma ferramenta de orgulho, ódio, blasfêmia e engano diabólicos.[11]

A capacidade de comunicação é um desdobramento da imagem de Deus presente em nós. A comunicação é um atributo da sua imagem, um dom que recebemos do Criador. Ao mesmo tempo, devido aos efeitos da Queda, essa capacidade comunicativa pode ser usada para o mal, promovendo o que prejudica o outro e o engana. Uma dádiva de Deus que, em consequência do pecado, tem suas funções distorcidas e serve como um instrumento de expressar "orgulho, ódio, blasfêmia e engano". Nesse sentido, John Frame chama a atenção para uma importante questão, que é o testemunho:

> A Escritura nos ordena pregar, ensinar, proclamar, e assim por diante, mas não testemunhar. [...] Deus já nos fez testemunhas; não temos escolha quanto a isso. Ele não nos ordena sermos testemunhas, porque já o somos. Podemos testemunhar de maneira verdadeira ou falsa, mas não podemos deixar de testemunhar. Se isso é verdade, o testemunho num sentido amplo inclui não apenas nossas palavras, mas todos os aspectos da vida.[12]

---

9   Catecismo de Heidelberg (1563). Disponível em: http://www.monergismo.com/textos/catecismos/catecismo_heidelberg.htm.

10 HORTON, *A lei da perfeita liberdade*, p. 197.

11 Ibid, p. 196.

12 FRAME, *A doutrina da vida cristã*, p. 793.

A comunicação como atributo da imagem de Deus: o nono mandamento **157**

Se a obra de Frame fosse um filme, esse trecho seria o *plot twist*.[13] O autor constata que, nas Escrituras, não há uma ordem direta de Deus para testemunharmos, pois o testemunho é dado de forma ininterrupta em todos os aspectos da vida. Resta saber se estamos dando um testemunho verdadeiro ou falso a respeito de Deus; engrandecendo o nome de Cristo ou o difamando. Não há meio-termo. Sempre estaremos na condição de testemunhas.

No marketing, as ferramentas, estratégias e práticas que usamos também dão testemunhos positivos ou negativos. Não há neutralidade nesse sentido. Ainda que trabalhemos em uma área que nada tenha a ver com questões religiosas, estaremos testemunhando.

O chamado, portanto, é para que possamos discernir qual é o testemunho que damos de Deus, reconhecendo nossas falhas e buscando a santificação por meio da obra do Espírito. Não se trata de "espiritualizar" as coisas. Antes, é viver coerentemente com o que cremos: que servimos e damos testemunho do nosso Senhor em todas as nossas ações, tendo ciência de que nunca realizaremos tal feito plenamente. Sempre precisaremos de arrependimento, confissão e santificação.

Em resumo, o nono mandamento é quebrado em dois grupos distintos de ações: quando há mentira ou falsidade, por exemplo, ao compartilhar uma informação falsa ou enganadora para vender ou promover um produto ou serviço; quando nossas palavras e ações não glorificam a Deus nem engrandecem o seu nome. Isso diz respeito, dentre outras coisas, ao modo como lidamos com clientes, empregadores, o público e situações que fazem parte da nossa vida pessoal e profissional.

Alguns exemplos práticos

Nos exemplos a seguir, a questão legal não foi comprometida, mas a ética cristã foi ferida. Há um tempo, estava passando pelos stories do Instagram quando me deparei com uma imagem cuja manchete dizia: "Plataforma para designers vem ganhando forte destaque na mídia nas últimas semanas após revolucionar o mercado". Em uma olhada rápida, identifiquei logo de cara que se tratava de uma notícia de um dos principais portais do Brasil, talvez o maior. Mas, após dedicar mais alguns segundos lendo o restante, percebi que era uma peça gráfica minuciosamente criada para simular o layout do veículo, sem nenhuma relação com ele.

---

13 Uma mudança inesperada em algum roteiro, cinematográfico ou literário; aquela que é formada com base em interações em todos os pontos de contato, pessoas e tecnologia ao longo do tempo." Para saber mais, acesse: https://www.cxpa.org/grow-your-knowledge/whatiscx.

Perceba que alguém, intencionalmente, reproduziu o mesmo padrão visual do site para que as pessoas, ao ver a imagem nos stories, pensassem que o portal estava endossando o serviço oferecido. Quem fez isso buscou se apoiar na credibilidade de terceiros para se viabilizar. Induziu as pessoas a acreditarem que era o recorte de uma notícia de um veículo de comunicação reconhecido como sério e confiável. Do ponto de vista da lei dos homens, não havia problema. Embora utilizasse um layout "similar", poderia alegar que foi coincidência, já que não havia nenhuma menção direta ao outro. Mas sabemos que não é isso. É enganação, uma quebra do nono mandamento.

Da mesma maneira, estava passando pelo *feed* quando me deparei com o anúncio de um curso de uma instituição cristã. Como sempre faço, li do que se tratava. A princípio, não havia incoerências. No entanto, no final da legenda do post, me deparei com a seguinte frase: "As turmas serão organizadas por ordem de chegada".

Em certo sentido, não há necessariamente uma mentira. Ainda que utilize um sistema automatizado de inscrições, que organize as pessoas inscritas de forma automática, haverá alguma ordem na criação das turmas. Praticamente qualquer sistema de ensino ou de inscrição funciona dessa forma. Contudo, não se tratava de um curso com limite de vagas — e eu posso afirmar porque, além de já conhecê-lo, também fui confirmar a informação. Se durante o prazo de inscrição toda e qualquer pessoa que fizer o pagamento poderá participar, é preciso se perguntar qual a razão de dizer que "as turmas serão organizadas por ordem de chegada".

A impressão é que se trata muito mais de uma informação para induzir as pessoas a se inscreverem de forma imediata e impulsiva do que uma informação que é realmente relevante para a tomada de decisão. Do meu ponto de vista, serviu mais para atrapalhar os potenciais clientes do que beneficiá-los. Se lembrarmos do triperspectivismo proposto por John Frame no Capítulo 9, a perspectiva existencial diz respeito às nossas motivações. Eu não tenho condições de julgar a verdadeira motivação de quem escreveu o texto do anúncio, mas ela aparenta ter sido apenas em benefício próprio.

Ainda que do ponto de vista legal, mais uma vez, não haja nenhum problema, a forma e o contexto onde a frase foi colocada também expressa, de forma muito sofisticada, uma quebra do nono mandamento. Ainda que objetivamente a informação seja verdadeira, no seu contexto de uso ela expressa uma falsidade, dando um mau testemunho de Cristo.

Outro exemplo são os contadores regressivos, funcionalidades geralmente presentes em páginas de vendas ou em e-mails comerciais para informar ao usuário quanto tempo falta para uma promoção ou período de vendas, por exemplo, expirar. Embora seja usado para criar um senso de urgência, o recurso em si não é um problema, a não ser quando utilizado de forma enganosa.

Em muitos casos, os contadores regressivos oferecem um desconto caso determinada compra seja feita dentro de um período de tempo, mas, quando este estoura, o contador volta ao início e o desconto permanece. Quando isso acontece, é despertado um senso de urgência que não se justifica. Se trata de uma mentira.

Que esses exemplos simples nos auxiliem a ir além. Quando estivermos pensando, planejando, executando, escrevendo, criando ou qualquer outra atividade relacionada ao nosso trabalho, que possamos sempre ter em mente que tudo, absolutamente tudo, deve servir para contribuir com o outro e dar um bom testemunho de Deus. Muitas vezes, isso não será desejável do ponto de vista comercial — não mesmo! Mas o nosso critério de escolha é a revelação trinitária nas Escrituras, que nos orienta sobre como viver e trabalhar para a glória do Senhor.

✳ *CAPÍTULO 21* ✳

Cobiça e a nossa responsabilidade: décimo mandamento

> *Meu tênis, aqui, vale um velório*
> *"Roubados!", os invejosos dizem: "Roubados!"*
> *"Tão caros, tão caros, impossível tê-los comprado"*
> *Eu tenho um tênis louco tão raro.*
>
> **"Superstar", de FBC**

Para concluir a nossa jornada pelo Decálogo, farei uma reflexão sobre o último dos dez mandamentos, que trata sobre a cobiça:

> Não cobiçarás a casa do teu próximo, não cobiçarás a mulher do teu próximo, nem o seu servo, nem a sua serva, nem o seu boi, nem o seu jumento, nem coisa alguma do teu próximo (Êxodo 20:17).

A resposta do Catecismo de Heidelberg àquilo que o mandamento ordena é:

> *113. O que Deus exige no décimo mandamento?*
>
> Jamais pode surgir em nosso coração o menor desejo ou pensamento contra qualquer mandamento de Deus. Pelo contrário, devemos sempre, de todo o coração odiar todos os pecados e amar toda justiça (1).[1]

---

1 Catecismo de Heidelberg (1563). Disponível em: http://www.monergismo.com/textos/catecismos/catecismo_heidelberg.htm.

162 *Click sem bait*

Este mandamento é uma conclusão e, de certa forma, um resumo de todo o Decálogo. Ele nos ordena a não cobiçar nada que pertença a outra pessoa: casa, cônjuge, servo, boi, jumento, nada. Sendo assim, ele trata, primeiramente, das motivações do nosso coração.

Se analisarmos com atenção, veremos que os demais mandamentos dizem respeito às nossas ações, a fazer ou não algo de ordem prática e pública. No entanto, aqui o mandamento não é dirigido somente àquilo que é externo, mas para o interior. É por isso que o Catecismo apresenta que a transgressão ocorre quando surge em nosso coração qualquer desejo ou pensamento ilícito. Não é apenas fazer algo errado. O desejo por algo errado em si já nos condena.

Em consonância com Heidelberg, Michael Horton também aponta que o simples desejo por algo ilícito já configura como uma transgressão da lei, lembrando que isso foi reafirmado pelo próprio Cristo no Sermão do Monte.

> Assim como Jesus, em seu Sermão do Monte, levou o povo a perceber que o próprio desejo é uma violação do mandamento, assim encontramos esse princípio até mesmo em Moisés. Desejar ou cobiçar o que nosso próximo possui nos faz transgressores da lei como se tivéssemos roubado sua vida, sua esposa, sua propriedade e sua honra.[2]

Em 2019, uma notícia viralizou nas mídias sociais, cuja manchete dizia: "Empresa aluga jato para quem quer fingir que é rico no Instagram".[3] Sediada na Rússia, alugava um jatinho avaliado em algumas dezenas de milhões de dólares para que qualquer pessoa pudesse realizar uma sessão fotográfica nele. O objetivo era poder publicá-las nas mídias sociais e se passar por uma pessoa rica.

Não é raro também encontrarmos pessoas usando de contextos fakes para divulgar um curso. Por exemplo, alugar uma casa para gravar vídeos de divulgação como se fosse do indivíduo. A ideia por trás disso tudo é expressar que se é "bem-sucedido", que "venceu na vida", despertando esse mesmo desejo nos clientes em potencial, com a promessa de que o curso ou treinamento poderá proporcionar essas condições de vida.

A crítica não está no aluguel de um cenário, o que é normal quando não se dispõe de um espaço para uma gravação ou se busca um lugar esteticamente mais adequado. O problema está na simulação, em parecer alguém diferente de quem, de fato, é.

---

2   HORTON, *A lei da perfeita liberdade*, p. 208.

3   "Empresa aluga jato para quem quer fingir que é rico no Instagram", *Hypeness*, 1 fev. 2019. Disponível em: https://www.hypeness.com.br/2019/02/empresa-aluga-jato-para-quem-quer-fingir-que-e-rico-no-instagram/.

Mesmo se tais práticas não forem condenadas pela legislação civil, numa compreensão ética mais profunda, levar as pessoas a acreditar em algo que é falso com uma finalidade comercial ou apenas por status não é legítimo, como vimos anteriormente.

Quanto a nós, profissionais ou estudantes de marketing, diante de toda essa introdução, a reflexão que fica é: qual padrão de vida estamos estimulando ou endossando por meio dos trabalhos que realizamos ou das marcas para as quais prestamos serviço? Qual é a motivação do nosso coração? Quais sentimentos estamos despertando com o uso das nossas mídias sociais, com aquilo que escolhemos ou não publicar?

> Acabamos enchendo nossa vida com coisas das quais não temos a menor necessidade porque deixamos os slogans e imagens nos influenciarem. [...] Aspiramos aos mais recentes produtos que prometem a mais recente cura para o que o mundo decidiu ser o nosso problema mais recente.[4]

O autor apresenta uma crítica sobretudo ao consumismo, assunto de que já tratamos. Aqui, porém, há uma associação entre a cultura do consumo e a influência da comunicação mercadológica. A crítica diz respeito à busca insaciável pela resolução de problemas por meio da compra de novos produtos que se oferecem com promessas de cura.

As práticas de marketing e comunicação que adotamos influenciam o público, diretamente ou não. Elas podem tanto ser usadas para auxiliá-los e promover o bem, como para levá-los a comprar o que eles não precisam ou despertar um desejo por padrão de vida inalcançável. Como cristãos, precisamos refletir sobre os impactos daquilo que fazemos e assumir nossa responsabilidade. Se a cobiça é um pecado, pavimentar o caminho, através do marketing, para que o outro possa cobiçar também é.

Cobiçar é dizer para Deus que aquilo que ele nos proveu não é o suficiente. É expressar ao sustentador da realidade que ansiamos por mais, que buscaremos com a força do nosso braço. Agir de modo a despertar no outro a cobiça, de igual modo, é o mesmo que dizer que você sabe o melhor para ele, não Deus. Os seus planos são melhores e maiores que os dele.

O Catecismo Maior de Westminster também traz algo interessantíssimo sobre o décimo mandamento. Antes de responder sobre aquilo que o mandamento proíbe, primeiro ele trata do que deve ser feito:

> 147. *Quais são os deveres exigidos no décimo mandamento?*
>
> Os deveres exigidos no décimo mandamento são: um pleno contentamento com a nossa condição e uma disposição caridosa da alma para com o nosso próximo,

---

4 HORTON, *A lei da perfeita liberdade*, p. 215-6.

de modo que todos os nossos desejos e afetos relativos a ele se inclinem para todo o seu bem e promovam o mesmo.[5]

Duas questões principais se destacam: primeiro, temos de ser verdadeiramente gratos a Deus pelo que temos, de modo a não precisar cobiçar nada; segundo, devemos suprir as necessidades do próximo por meio da caridade. Pensando no nosso aspecto profissional, a segunda questão tem maior relevância: por meio do nosso trabalho no marketing, é preciso promover o bem do público que atendemos. Precisamos, por meio daquilo que anunciamos, ofertamos, entregamos e planejamos, contribuir com quem está do outro lado.

Cobiça x Desejo

Há uma diferença entre cobiça e desejo. Cobiça é desejar algo quebrando a Lei de Deus. O simples fato de desejar não é pecado. No entanto, quando esse desejo quebra a Lei para conseguir aquilo que se almeja, aí, sim, é um problema. No marketing, o desejo está muito presente. Dependendo do contexto, pode ser encarado como algo negativo, associado ao pecado. Mas as duas coisas não estão necessariamente relacionadas. Podemos desejar algo lícito, e não há problema nenhum. O texto de Provérbios nos mostra que o desejo dos justos lhes será concedido (Provérbios 10:24) e que o desejo do diligente será satisfeito (Provérbios 13:4). Em Cantares, tratando de uma relação conjugal, diz que o amado deseja a sua amada (Cântico 7:10). O profeta Isaías também diz que o Senhor é desejado (Isaías 26:8-9).

Aprofundando um pouco mais, John Frame, a partir da obra do teólogo J. Douma, apresenta que o desejo tem quatro estágios diferentes.[6] Primeiro, despertamos a vontade por algo. Depois, é preciso alimentá-la, torná-la mais intenso. Em seguida, realiza-se planos para alcançá-la, pensar em como podemos concretizá-la. Por fim, realizamos o desejo.

Compreender essa estrutura nos ajuda a relacionar esse processo com o próprio Decálogo. Fazer planos e realizar o desejo estão relacionadas com os nove primeiros mandamentos, que dizem respeito às nossas ações práticas. O desejo espontâneo e a alimentação dessa vontade têm relação com o décimo mandamento, que trata principalmente das motivações do nosso coração.

Na prática, quando há um desejo espontâneo ilegítimo e nós o alimentamos, estamos quebrando o décimo mandamento. Estamos cobiçando, ainda que apenas em pensamento. Quando cruzamos essa linha e planejamos

---

5   Catecismo Maior de Westminster. Disponível em: http://www.monergismo.com/textos/catecismos/catecismomaiorwestminster.htm.

6   DOUMA, 1996, p. 340, apud FRAME, *A doutrina da vida cristã*, p. 806.

Cobiça e a nossa responsabilidade: décimo mandamento **165**

concretizá-lo, ou de fato conseguimos, estaremos quebrando algum dos outros nove mandamentos.

Lidando com os desejos no marketing

Quanto ao marketing, há duas possibilidades de lidar com o desejo. Eles são pecaminosos quando há cobiça, quando há uma relação consumista ou quando expressam descontentamento com Deus. Ou não comprometem a relação com Deus e com o próximo.

O marketing não tem controle sobre os desejos do público, tampouco se são ilícitos ou cobiça. Não temos como discernir as motivações de quem busca o produto ou serviço que promovemos. Visto que a cobiça está relacionada ao coração, nós não podemos sondá-lo para identificar suas inclinações. No entanto, nossas práticas precisam ser direcionadas de modo a não prometer uma esperança redentora ou uma plenitude de vida naquilo que estamos vendendo. Não promover "os mais recentes produtos que prometem a mais recente cura para o que o mundo decidiu ser o nosso problema mais recente".[7] Por exemplo, na minha cidade, Goiânia, as campanhas de imobiliárias de condomínios horizontais geralmente apresentam o mesmo mote: quem comprar um lote poderá desfrutar de um verdadeiro paraíso terreno. A promessa vai muito além do que alguns metros quadrados de espaço podem oferecer.

Como profissionais de marketing, precisamos reconhecer que, por melhor que seja algo que promovemos, nunca será o suficiente para proporcionar a plenitude de vida que só encontramos em Cristo. Qualquer promessa nesse sentido será uma mentira. A lei é transgredida tanto por nós quanto por quem busca a coisa errada pela motivação errada.

Um cristão que atua no marketing precisa ser um excelente profissional e ter a Lei de Deus como referência. Ela não vai engessar o seu trabalho, mas dar a possibilidade de praticá-lo de forma a promover a dignidade humana, em todos os seus aspectos.

---

7   HORTON, *A lei da perfeita liberdade*, p. 216.

QUINTA PARTE

UM CAMINHO
redentivo

✳ CAPÍTULO 22 ✳

O evangelho como antídoto cultural

Apesar disso, eu acredito que o Sol ainda brilha
E, acredito que chega a hora
Quando sairmos do silêncio, nós vamos cantar
E até sinos quebrados tocarão.

"Broken Bells", de Greta Van Fleet

Na parte final desta jornada, apresentarei como o marketing pode ser aplicado para apontar a redenção da obra iniciada, mas não concluída, de Jesus. Neste capítulo, antes de tudo, mostrarei como o evangelho é um antídoto cultural — tanto para nós, profissionais, quanto para o público e os consumidores.

> A humanidade, que estragou o seu mandato original e toda a criação, recebe outra oportunidade em Cristo; somos restabelecidos como administradores de Deus sobre a terra. A boa criação original deve ser restaurada.[1]

Nos capítulos iniciais, vimos que os efeitos da Queda afetaram não apenas os seres humanos, mas toda a realidade — natureza, animais e estruturas sociais. Uma vez caídos, nós estragamos o mandato original de Deus de cuidar do mundo e desenvolvê-lo.

Porém, em Cristo, recebemos uma nova oportunidade de sermos restabelecidos como os administradores terrenos de Deus. A partir de então, nosso coração deve se inclinar para a restauração da Criação. É importante esclarecer que o poder de redimir não é nosso — ele é apenas do Senhor! Mas,

---

1 WOLTERS, *A criação restaurada*, p. 72.

Click sem bait

na condição de cristãos — pessoas conscientes de serem alcançadas pela graça —, devemos nos direcionar para a obra a ser consumada em Jesus. Isso nos fornece uma nova forma de viver e de lidar com a realidade:

> As emoções não devem ser reprimidas, mas purificadas. A sexualidade não deve simplesmente ser evitada, mas redimida. Os políticos não devem ser declarados inalcançáveis pela lei, mas reformados. A arte não deve ser pronunciada mundana, mas reivindicada para Cristo. Os negócios não devem ser mais relegados ao mundo secular, mas ser feitos novamente de acordo com os padrões que honram a Deus.[2]

Não é difícil encontrar, entre os cristãos, quem acredita que determinado campo do saber ou atividade é mundano por não estar diretamente ligado à igreja ou à "Bíblia". Assim, cria-se uma fronteira que não podemos ultrapassar para manter nossa "santidade" e não nos contaminarmos com as ditas "coisas do mundo".

Mas, como vimos, a realidade faz parte da Criação — as emoções, a sexualidade, a política, a arte, os negócios, o marketing, tudo. Logo, o problema não está nas coisas em si, mas nos efeitos da Queda sobre elas.

Dessa forma, a postura correta do cristão é discernir o que é incompatível com a fé cristã na forma como cada uma dessas áreas é conduzida e, em vez de abdicar dela, apontar suas distorções e o caminho biblicamente preferível. É isso que estou tentando fazer ao longo deste livro: não jogar o marketing fora como se promovesse só o mal, mas diferenciar uma prática antiética de outra que contribui com o próximo a partir da fé cristã.

> A raça humana adâmica perverte o cosmo; a raça humana cristã o renova. A implicação óbvia é que a nova humanidade (o povo de Deus) é chamada para promover a renovação em cada departamento da Criação. Se Cristo é o reconciliador de todas as coisas, e se recebemos a incumbência do "ministério da reconciliação" em seu favor, temos uma tarefa redentora onde quer que nossa vocação nos coloque neste mundo.[3]

O chamado do cristão — principalmente em uma área como o marketing, onde há a impressão de que tudo é movido por ganância ou interesse próprio —, é promover ações curativas, por mais difícil que seja. Devemos exercer nossas vocações para conter o mal. Evidente que nunca conseguiremos realizar isso plenamente, o que cabe a Cristo. No entanto, ao buscarmos as ações curativas, apontaremos para a consumação da sua obra redentora.

---

2 Ibid., p. 72.

3 Ibid., p. 74.

É nesse sentido que compreendo o evangelho como um antídoto cultural. É a força propulsora que nos leva a vivermos adequadamente e, muitas vezes, de maneira contrária ao que a sociedade apresenta como sendo a melhor.

Um exemplo é quando Paulo trata dos "falsos mestres" na igreja de Filipos, cuja doutrina era problemática. O apóstolo lista algumas características dessas pessoas: adoram a si mesmos; vivem em busca de prazeres carnais; invertem os padrões morais; preocupam-se apenas com as coisas terrenas, sem a dimensão do eterno. Por isso, o que lhes resta é a perdição (Filipenses 3:19).

A verdadeira fé em Jesus, portanto, ressignifica e reorienta a nossa vida. Não para nos enclausurar num monastério, mas para que possamos desfrutar do que é lícito e redentivo.

Decisões éticas em uma era sobreposta

Todas as decisões éticas têm como fundamento um compromisso último, estejamos conscientes disso ou não. No caso de um cristão, tais decisões precisam ser compatíveis com a revelação de Deus nas Escrituras: "Ao tomarmos nossas decisões éticas, devemos reconhecer que o mundo é criado, caído, mas redimido por Cristo; precisamos entender as implicações éticas desses fatos".[4]

Nesse sentido, vivemos em uma espécie de sobreposição de eras. Há uma realidade inaugurada na Criação que se encerrará com a volta de Cristo. Mas, quando o Senhor ressuscita, ele também inicia um novo tempo, que, embora tenha começado, ainda não foi concluído.[5]

Figura 16: A sobreposição entre esta era e a era por vir

---

4 FRAME, *A doutrina da vida cristã*, p. 270.
5 Ibid., p. 277.

172 Click sem bait

Vivemos no intervalo entre a ressurreição de Cristo e a sua volta, em que duas realidades coexistem. Sofremos com os efeitos da Queda, mas já temos um pequeno antegozo da redenção. Enquanto participamos de um mundo em que o pecado, a maldade, a corrupção, a finitude e a falibilidade estão presentes, inclusive em nós e no que fazemos, também já fazemos parte de uma nova realidade cuja realização plena aguardamos.

> Porque a graça de Deus se manifestou, trazendo salvação a todos os homens e ensinando-nos para que, renunciando à impiedade e às paixões mundanas, vivamos neste mundo de maneira sóbria, justa e piedosa, aguardando a bendita esperança e o aparecimento da glória do nosso grande Deus e Salvador, Cristo Jesus, que se entregou a si mesmo por nós para nos remir de toda a maldade e purificar para si um povo todo seu, consagrado às boas obras (Tito 2:11-14).

Essas orientações bíblicas também precisam ser consideradas no marketing, na comunicação e no empreendedorismo. A sobriedade, a justiça e a piedade devem estar presentes na nossa forma de trabalhar e de pensar as relações comerciais. As boas obras não são apenas na nossa vida privada e particular, mas também na profissional — em contato com clientes, parceiros comerciais, colaboradores, gestores e colegas de trabalho.

O evangelho reorienta as inclinações de quem está vendendo e de quem está comprando. Temos falado muito sobre o "vendedor", mas também não podemos esquecer do "comprador". O evangelho reorienta como o profissional de marketing trabalha e como o público compra e consome. Ambos precisam exercer a responsabilidade das boas obras.

✳ CAPÍTULO 23 ✳

O marketing como serviço ao outro

Vivo com a poeira da enxada
Entranhada no nariz
Trago a roça bem plantada
Pra servir o meu país.

"Caipira", de Chitãozinho & Xororó

Até agora não apresentei definições claras sobre o que é marketing, mesmo estando falando sobre ele durante todo o tempo, de propósito. Como vimos, se trata de uma área do conhecimento consideravelmente nova, a qual passa por transformações, refinamento e mudanças de ênfases desde o início do século 20. De igual modo, não há uma definição única de marketing. Philip Kotler o define do seguinte modo, que considero bastante satisfatório: "Marketing é um processo social pelo qual indivíduos e grupos obtêm o que necessitam e desejam por meio da criação, da oferta e da livre troca de produtos de valor entre si".[1]

Embora sucinta, eu gosto muito dessa definição porque contempla elementos que considero fundamentais do marketing: primeiro, é um processo social; segundo, supre necessidades e desejos do público; terceiro, se dá por meio da livre troca. No entanto, não é a minha favorita. Seth Godin diz que: "O marketing é um ato generoso de ajudar as pessoas a resolverem seus problemas. É uma chance de mudar a cultura para melhor. Tem pouco a ver com estardalhaço, pressão ou coerção. É uma chance de servir".[2]

---

1   KOTLER, Philip; KELLER, Kevin Lane. *Administração em marketing* (São Paulo: Pearson Education do Brasil, 2012), p. 4.

2   GODIN, *Isso é marketing*, p. 2.

174 *Click sem bait*

Godin nos ajuda a enxergar o marketing não apenas como uma ferramenta de venda baseada em interesses individuais, mas um serviço ao outro. Isso muda tudo. Passamos a aplicá-lo não mais para nos viabilizarmos de forma ensimesmada e autocentrada, unicamente a partir do que queremos, mas buscando levar às pessoas o que precisam ou que será, de fato, benéfico para elas.

Alguns criticam tal definição por considerá-la romântica — alegam que a prática é outra. Pensando naqueles que não conhecem a Verdade ou não tiveram seus corações regenerados por Cristo, eu concordo. No entanto, defendo que encarar o marketing como uma forma de serviço seja a postura correta de um cristão. Se não acreditarmos que é possível aplicá-lo de forma redentiva, limitaremos a soberania de Cristo. Esta abrangeria toda a realidade, exceto o marketing. O Senhor diria: "Aqui, não!".

Outra crítica diz respeito à aparente contradição entre querer servir o outro e lucrar. Mas não há oposição entre serviço e lucro. Como vimos, o lucro não é necessariamente um problema se compreendido e buscado da forma correta. Serviço e lucro podem e devem existir, caso queiramos que uma determinada empresa continue em atividade sem depender de doações. Lucro não é sinônimo de relações abusivas e exploração. Pelo menos, não para os cristãos que compreendem a mordomia e que compreendem que o próximo também é imagem de Deus:

> Embora aparentemente não haja diferenças visíveis imediatas entre uma empresa bem gerenciada que reflete a cosmovisão bíblica e uma empresa que reflete basicamente o enredo secular dos negócios, internamente as diferenças podem ser bastante óbvias. As empresas centradas no evangelho têm a perspectiva clara de servir ao cliente de maneira especial. Não se baseiam em relações antagônicas e exploração. As empresas centradas no evangelho enfatizam a excelência e a qualidade dos produtos e oferecem um ambiente ético que vai "de cima a baixo" no organograma e alcança as realidades do comportamento diário, mesmo quando altos padrões morais significam perda na margem de lucros. Para os negócios impulsionados pela cosmovisão do evangelho, o lucro nada mais é que um dos muitos resultados importantes.[3]

O mesmo se aplica ao marketing! Quando um profissional compreende o seu chamado, tudo o que fizer — decisões estratégicas e táticas, planejamentos... tudo! — terá como finalidade auxiliar alguém a resolver um problema, cultivar o bem-estar ou suprir desejos lícitos.

---

3 KELLER; ALSDORF, *Como integrar fé e trabalho*, p. 158.

Conhecer para servir

Vivemos em rotinas cada vez mais rápidas e intensas, com uma enorme sobreposição de atividades. Sentimos que o tempo é cada vez mais escasso, como se os ponteiros do relógio girassem rápido. E cada vez mais a nossa atenção está difusa, sem foco, mais dispersa e fragmentada dia após dia. São muitas coisas acontecendo simultaneamente dentro e fora das telas, e não conseguimos acompanhá-las.

Ao reconhecer tais problemas, o profissional de marketing deve fazer o que for possível para amenizá-los. O caminho é compreender quem é o público e a cultura da qual fazemos parte.

> Um profissional de marketing é curioso sobre outras pessoas. Ele se pergunta pelo que os outros sofrem, o que os faz vibrar. É fascinado pelos sonhos e pelas crenças das pessoas. E tem a humildade de aceitar que seu público enfrenta uma batalha diária contra a falta de tempo e de atenção.[4]

Identificando os problemas e conhecendo o nosso público, devemos nos perguntar: como podemos servi-lo melhor? O que faremos para contribuir positivamente com esses desafios? Quais recursos, estratégias ou práticas adotaremos para amenizar dilemas contemporâneos? Como nossos processos de venda podem ser adequados para alguém que não tem tempo ou cuja atenção está dispersa? Como devemos agir para não explorar essa condição "vulnerável"? Em outras palavras, devemos pensar sobre como cumpriremos o mandato cultural.

Ao falar sobre o trabalho na perspectiva do mandato cultural, Bavinck comenta:

> A imagem de Deus, por assim dizer, precisava ser espalhada pelos confins da terra e tinha de estar impressa em todas as obras das mãos dos homens. Eles precisavam cultivar a terra para que ela se tornasse cada vez mais uma revelação dos atributos de Deus. [...] O trabalho verdadeiro não pode ter o seu propósito final em si mesmo, mas sempre tem como seu objetivo trazer algo à existência.[5]

Ao contrário de uma compreensão simplista, não basta colocar um versículo bíblico em lugares públicos, por exemplo. Nada contra quem faz isso, mas devemos ir mais fundo: transformar a forma de compreender e realizar o trabalho. É preciso refletir os atributos de Deus naquilo que fazemos, em escolhas, decisões, ações, palavras, práticas e compromissos.

---

4   GODIN, *Isso é marketing*, p. 51.
5   BAVINCK, Herman. *As maravilhas de Deus*, p. 276.

Isso tem uma relação direta com a forma como encaramos o marketing, a comunicação e os empreendimentos: não são apenas fonte de lucro ou uma maneira de viabilizar nossos sonhos, mas uma maneira de contribuir para o próximo. O retorno financeiro, ainda que importante e lícito, não pode ser o único aspecto levado em consideração. Se for, colocaremos o capital na frente das pessoas — deixaremos Mamon ficar maior que a Trindade, expressaremos nossa ganância ao invés de Deus.

O serviço ao outro

Enxergar o marketing como uma forma de serviço pode ter dois sentidos diferentes que não são mutuamente excludentes. Pelo contrário, se complementam. O primeiro é trabalhar em direção a Deus, como Bavinck apresentou, ao relevar seus atributos e sinalizar o Reino já inaugurado e a obra redentora de Cristo. O segundo sentido é o servir o próximo, contribuir com o público, auxiliando-o em suas necessidades, em seus desejos ou em suas demandas, principalmente em um contexto em que há escassez de tempo e de atenção. Há pelo menos quatro possibilidades para realizar esse segundo ponto:

1. Ao ajudar o outro a satisfazer as suas necessidades ou desejos legítimos, isto é, aquilo que realmente precisa ou que também não configure uma cobiça. O marketing auxilia o público nesse sentido.

2. Ao reconhecer que determinado produto ou serviço não é adequado para o público, ou seja, quando optamos por *não* vender o que pode prejudicá-lo. Tal prática é contraintuitiva e, de acordo com a lógica do mercado, um absurdo. No entanto, para nós, cristãos, trata-se de ter coerência. Devemos servir as pessoas mesmo que tenhamos que recomendá-las a um concorrente caso não tenhamos o que é adequado às suas necessidades.

3. Ao servir ao outro a utilizar melhor seu tempo, que é um recurso precioso em escassez. Uma campanha ou um anúncio, por exemplo, deve ajudar as pessoas a otimizar seu tempo. Ao invés do consumidor buscar o produto que precisa, o marketing, recorrendo a pesquisas e segmentação do público, o leva até ele. Vale ressaltar que, conduzida da forma errada, essa prática pode ser, no mínimo, sufocante, sobretudo quando os anúncios não têm relevância para o usuário. Não é o que queremos. A ideia é servir o outro, e não aborrecê-lo.

4. Ao auxiliar a tomada de decisão, apresentando informações claras e sinceras. Não é para sermos pragmáticos, com textos técnicos, duros e diretos dispostos de maneira caótica e letras pequenas. Mas, reconhecendo a integralidade do ser humano, em que emoção e razão não se opõem, é necessário ter um ajuste fino ao se comunicar. É preciso ter intencionalidade

e, mais do que isso, lidar respeitosamente com quem acessará um conteúdo, sem subestimá-lo ou tratá-lo com superficialidade.

O apóstolo Paulo nos aponta sobre a necessidade de abrir mão dos nossos próprios interesses e de nossas preocupações, servirmos ao próximo, ter o mesmo sentimento de Cristo (Filipenses 2:4-5), o qual tinha consciência de que seu propósito não era ser servido, mas servir (Mateus 20:28). Assim também devemos encarar o trabalho do marketing: é uma maneira de auxiliar na lucratividade, contribuir para o desenvolvimento dos negócios e dar viabilidade a um projeto, mas, acima de tudo, é serviço a Deus e ao próximo. É ter essa consciência que nos ajudará a não abrirmos mão dele, mas redimir suas práticas.

✳ CAPÍTULO 24 ✳

O marketing como formador cultural

A rotina não me convenceu
Diz que é sempre tudo a mesma coisa
Mas eu não fechei meus olhos
Pro novo de todo dia.

"Rotina", de Crombie

Para falar sobre o marketing como formador cultural, primeiro preciso fazer algumas observações sobre a noção de cultura. Nesse sentido, Daniel Strange apresenta uma importante diferenciação:

> Em vez de enxergar a cultura como "algo", pensaremos na cultura como a maneira pela qual vivemos no mundo e interpretamos o que está ao nosso redor. [...] Cultura são histórias que contamos e que expressam significado acerca do mundo.[1]

Há uma espécie de inescapabilidade cultural: a cultura não é uma coisa com a qual podemos optar ou não ter contato. Estamos presentes nela, em constante interação, moldando-a e sendo moldados. Nossas realizações, falas, produções, práticas e escolhas, seja no trabalho, nos estudos, na interação social, na roupa, na compra — tudo o que fazemos é prática cultural.

---

1   STRANGE, *Daniel*. p. 29.

Cultura é a "externalização da religião" — é como mostramos do lado de fora o que acreditamos do lado de dentro. A cultura é como adoramos — é a maneira em que mostramos ao nosso coração o que é realmente valioso.[2]

Essas práticas, portanto, nunca serão neutras. Sempre serão direcionadas por algum compromisso religioso, consciente ou não. Expressamos aquilo em que verdadeiramente acreditamos, nossos compromissos últimos, seja em uma religião formal (como o cristianismo) ou em qualquer outro conjunto de crenças últimas (a fé no trabalho, no dinheiro, em si etc.).

Formação cultural

Pensando no contexto do marketing, a formação cultural pode acontecer em duas vias distintas e não excludentes. A primeira é o próprio consumo. Quando as pessoas fazem suas escolhas de compra e de uso dos seus recursos, estão contribuindo para uma determinada cultura. Estão endossando uma marca, um produto ou uma aquisição. Lembre-se: nossas escolhas nunca são neutras, uma vez que expressam algo e contribuem para a formação cultural.

Segundo, todas as vezes que fazemos nossas escolhas estratégicas ou táticas em marketing, comunicando ou privilegiando um modelo de compra, também estamos promovendo, incentivando e endossando certos aspectos culturais. As escolhas profissionais tampouco são neutras, bem como suas consequências ou seus desdobramentos, independentemente do nível de consciência.

Ainda que não estejamos produzindo um artefato cultural em específico — uma música, um quadro, uma peça ou um filme —, estamos contribuindo para a formação ou deformação da cultura. Como seres culturais, é inevitável. Como profissionais de marketing, ter ciência disso exige de nós responsabilidade e intencionalidade em tudo que fazemos.

De acordo com Anna Lappé, "A cada vez que gastamos o nosso dinheiro, estamos escolhendo o tipo de mundo que queremos".[3] Ao comprar algo, endossamos o que esse algo representa — sua promessa de benefício, sua cadeia produtiva, sua forma de enxergar o ser humano e seu modo de lidar com o meio ambiente. As decisões de um consumidor vão além da relação comercial de compra e venda. Elas têm um papel cultural, seja formador ou deformador. E isso é instigado ou refreado pelas grandes corporações.

---

2 Ibid., p. 53.

3 LAPPÉ, Anna apud CHATRAW, Joshua D.; PRIOR, Karen Swallon. *Engajamento cultural: um curso intensivo sobre questões contemporâneas e as diferentes perspectivas cristãs* (Rio de Janeiro: Thomas Nelson Brasil, 2021), p. 467 (Kindle).

O marketing como formador cultural *181*

É na própria solução desses problemas — anúncios, embalagens, produtos e edifícios bem projetados — que uma corporação exerce a sua capacidade de ajudar a moldar o ambiente, de se projetar e influenciar o gosto de vastos públicos. As corporações ocupam uma posição singularmente estratégica para incentivar a percepção da população.[4]

Os processos, a comunicação, o modelo de venda e de atendimento de uma grande corporação molda a percepção do público, como ele enxerga a realidade e as relações. Elas têm potencial para moldar os gostos, preferências, interesses e causas.

A lógica vale para negócios de qualquer tamanho. A diferença, no entanto, será na amplitude do alcance. O lembrete é para que não nos esqueçamos de que toda vez que nossos empreendimentos comunicam algo, utilizam determinada estratégia, vendem certo produto ou lidam de tal maneira com o processo de compra e venda, estamos contribuindo — positiva ou negativamente para a formação cultural.

Imagine, por exemplo, as tradicionais promoções feitas no período do Natal. O que elas estão comunicando? Não acredito que sejam um problema, a depender de como são realizadas. Se apenas endossam que o Natal é um período de compras e mais compras, o único senhor exaltado é o consumismo. Mas podem apontar para a generosidade de um Deus que presenteou a humanidade com a encarnação do seu próprio filho, Jesus, em quem podemos desfrutar da verdadeira alegria. Percebe como uma mesma prática pode ser realizada com ênfases diferentes?

Uma reportagem de 2016, publicada no jornal britânico *The Guardian*, trata sobre a mudança nos hábitos sexuais e chama a atenção para os impactos das marcas na vida do público:

> Quando tinha 15 anos, Susannah costumava ver pornografia hardcore com o namorado. "Achei que esse era o visual que você precisava ter para ter um ótimo sexo. E, para ser honesta, ainda acho. As lembranças de como é um corpo sexy estão por toda parte, e conforme eu envelheço, me preocupo mais e mais sobre como estou me saindo bem. Não preciso nem olhar para pornografia agora para saber o que diz que devo parecer na cama. Quando entro no trem todos os dias, sou confrontado por um pôster gigante desta mulher incrível com um corpo fantástico em um biquíni minúsculo. Impecável, como uma estrela pornô. E ela está anunciando Israel".[5]

---

4   RAND, Paul apud ARMSTRONG, Helen. *Teoria do design gráfico*, p. 83.

5   "Sex now!", *The Guardian*, 15 abr. 2016. Disponível em: https://www.theguardian.com/theguardian/2006/apr/15/weekend7.weekend3.

182 *Click sem bait*

Nesse depoimento cedido à reportagem, Susannah relata como a pornografia teve impacto na sua vida, na sua aparência e na percepção de si. Embora seja um assunto importante, não é o nosso foco. Vale apenar notar que ela era impactada por uma mensagem sexualizada e sem relação com o que era anunciado, deformando seu relacionamento com o próprio corpo.

Quando é colocada a foto de uma modelo com o corpo sexualmente atraente nos padrões da cultura ocidental e com pouquíssima roupa no anúncio de uma cidade, o pôster está, no mínimo, dizendo ao público qual é o padrão de mulher atraente e desejável. Na prática, molda-se o imaginário masculino e o padrão de beleza feminino. Por mais inofensivo que pareça, o anúncio está modelando nossa cultura.

Dado que nada é neutro, algumas reflexões são importantes nas nossas escolhas de imagens, textos, cores e tudo o mais que constitui alguma peça de comunicação. É preciso avaliar:

- que perspectiva cultural estamos afirmando;
- o que estamos endossando;
- qual visão do mundo está sendo expressa;
- se essa visão é compatível com uma perspectiva bíblica;
- caso haja uma pessoa no anúncio, deve-se avaliar se esta está sendo representada com dignidade ou sendo objetificada;
- se a campanha aponta para a redenção ou uma vida hedonista.

Todo design "serve ou subverte o *status quo*", como argumenta Tony Fry. Um projeto não pode ser desconectado dos valores e dos conceitos que o originaram, das ideologias por trás dele.[6]

O autor se refere especificamente ao design, mas poderíamos ampliar para o marketing e para a comunicação de maneira geral. Se o que fazemos nunca é neutro, devemos sempre refletir sobre a que estamos associando os produtos e serviços que promovemos.

Um estudo de caso

Independentemente de quais foram as motivações, a Dove[7] começou um movimento chamado "A beleza real", que tem impactos, sobretudo, nas ações de comunicação da marca. O primeiro compromisso da empresa é não usar mais modelos profissionais em suas campanhas publicitárias. Dove contrata

---

6   PATER, Ruben. *Políticas do design* (São Paulo: Ubu Editora, 2020), p. 2.

7   Marca de produtos de higiene pessoal pertencente à companhia Unilever.

pessoas "comuns", com diferentes corpos, de raças, cabelos e idades diferentes. Há também o compromisso de não retocar as fotos para modelar o corpo ou remover sinais da pele que não seriam comercialmente atrativos, por exemplo. Por fim, a marca solicita a aprovação das pessoas fotografadas antes de veicular os materiais finais — uma proposta bem diferente do anúncio mencionado anteriormente.

Aqui vale um lembrete: mesmo que a marca escolha "pessoas reais", ela ainda fará uma curadoria. Algumas serão preferidas em relação a outras. A ideia ao apresentar esse estudo de caso não é apresentar uma visão ingênua. No entanto, há uma enorme diferença entre escolher uma modelo dentro do padrão de beleza estabelecido e alguém com um "corpo real", sem retoques. Ao fazer isso, a Dove está assumindo que a sua visão sobre o ser humano é muito mais ampla, sincera e digna.

Resumindo e aplicando

Nossas escolhas enquanto profissionais, e não apenas as do público, contribuem para a formação ou deformação cultural do nosso mundo. Logo, decisões estéticas, verbais e estratégicas expressam uma visão de mundo e influenciam a maneira como as pessoas se enxergam. É fato que o marketing é um transformador cultural. A questão é o quão conscientes somos e o quanto nossas práticas seguirão padrões, objetivos e motivações corretos.

✳ *CAPÍTULO 25* ✳

O marketing na perspectiva de Cristo

Ele enxerga o que vejo no escuro
O que escondo do mundo no meu coração
E espalha o barro que ainda faltava
Abre a janela pra luz me encontrar
O que Cristo oferece, Ele é.

"Ele é", de Os Arrais

Não teria melhor forma de concluir este livro senão olhando para Jesus. Obviamente que a proposta aqui não será dizer que ele era um "marketeiro" ou algo nesse sentido. Qualquer associação como essa é, no mínimo, um anacronismo. Jesus não era profissional de marketing e as Escrituras não se propõem a ser um manual da área. Isso precisa ficar muito claro antes de prosseguirmos. Uma compreensão contrária provocaria uma eisegese, a interpretação do texto bíblico a partir das ideias do intérprete.

Mesmo assim, creio ser útil para nossos propósitos realizarmos uma breve análise sobre a forma como Cristo apresentava a mensagem da salvação, extraindo princípios que não apenas podemos, mas devemos utilizar na nossa prática diária.

O reconhecimento das necessidades

Ao lidar com o seu público, fica evidente o reconhecimento das necessidades das pessoas por parte de Jesus. Dois contextos bíblicos nos mostram isso de maneiras diferentes:

186 Click sem bait

Quando chegava a Jericó, havia um cego sentado, que mendigava à beira do caminho. Ouvindo passar a multidão, o cego perguntou de que se tratava. Disseram-lhe que Jesus, o Nazareno, ia passando. Então ele começou a gritar: "Jesus, Filho de Davi, tem compaixão de mim!" E os que iam à frente repreendiam-no, para que se calasse; ele, porém, gritava ainda mais: "Filho de Davi, tem compaixão de mim!" Jesus, então, parou e mandou que o trouxessem. Quando ele chegou, Jesus lhe perguntou: "Que queres que eu te faça?" Ele respondeu: "Senhor, que eu volte a ver!" (Lucas 18:35-41).

Um cego à beira do caminho clama por compaixão. Jesus, ouvindo, pede que as pessoas o tragam até ele. Ao perguntar de que ele precisava, é provável que Jesus já soubesse a resposta. No entanto, ele pergunta: "Que queres que eu te faça?". Hendriksen comenta:

Certamente Jesus já sabia o que Bartimeu desejava, porém quer que ele mesmo peça. [...] Jesus deseja não só curar esse homem, mas também estabelecer uma relação pessoal com ele, de modo que, como resultado, sua fé seja mais que meramente miraculosa e ele possa glorificar a Deus, como realmente está para ocorrer.[8]

Jesus estabelece um contato e promove uma relação. Sua preocupação não é apenas resolver um problema, mas ouvir. Aqui, podemos identificar um primeiro princípio: para lidarmos com a necessidade do outro, precisamos ouvi-lo. Se para nós o marketing é uma forma de serviço, então precisamos ouvir e compreender os desafios, as dores e as necessidades do público.

Então veio uma samaritana tirar água. E Jesus lhe disse: "Dá-me um pouco de água." Pois seus discípulos tinham ido à cidade comprar comida. Disse-lhe, então, a mulher samaritana: "Como tu, um judeu, pedes de beber a mim, que sou mulher samaritana?" Pois os judeus não se davam bem com os samaritanos. Jesus lhe respondeu: "Se conhecesses o dom de Deus e quem é o que te diz: Dá-me um pouco de água, tu lhe pedirias e ele te daria água viva." E a mulher lhe disse: "Senhor, tu não tens com que tirar a água, e o poço é fundo; onde, pois, tens essa água viva? Por acaso és maior que o nosso pai Jacó, que nos deu o poço, do qual ele mesmo bebeu, assim como também seus filhos e seu gado?" Jesus respondeu: "Quem beber desta água voltará a ter sede; mas quem beber da água que eu lhe der nunca mais terá sede; pelo contrário, a água que eu lhe der se tornará nele uma fonte de água a jorrar para a vida eterna." E a mulher lhe disse: "Senhor, dá-me dessa água, para que eu não tenha mais sede, nem tenha de vir aqui tirá-la." (João 4:7-15).

---

8 HENDRIKSEN, WILLIAM. *Comentário do Novo Testamento, exposição do Evangelho de Lucas*, vol. 2 (São Paulo: Cultura Cristã, 2014), p. 385.

Nesse segundo trecho, há uma diferença notável. Jesus também estabelece um diálogo e também tem ciência de qual era a necessidade de sua interlocutora, uma sede existencial. A diferença aqui é que ele não pergunta o que a mulher necessita, uma vez que muito provavelmente ela não daria a resposta correta. O próprio Cristo, reconhecendo do que precisava, oferece a ela. Ele toma a iniciativa e age de forma intencional em direção ao outro, como comenta Hernandes Dias Lopes:

> Diante das dificuldades levantadas pela mulher samaritana para dar água a Jesus, este lhe mostrou que era ela quem precisava de água, a água da vida. A mulher precisava conhecer o dom de Deus, a água da vida.[9]

A partir disso, encontramos um segundo princípio: em alguns casos, podemos identificar o que uma pessoa realmente precisa, ainda que ela não tenha consciência ou não explicite. O marketing dispõe de metodologias e ferramentas para identificar aquilo que pode ser feito para melhorar a vida de um grupo social ou uma comunidade. Usá-las também é uma forma de servir.

A verdade das promessas

Outro aspecto para analisarmos como Cristo lida com a mensagem da salvação é em relação àquilo que ele promete aos seus interlocutores, como nos textos bíblicos a seguir:

> Em verdade, em verdade vos digo que quem ouve a minha palavra e crê naquele que me enviou tem a vida eterna e não vai a julgamento, mas já passou da morte para a vida. (João 5:24).

> Jesus lhes respondeu: "Eu já vos disse, mas não credes. As obras que eu faço em nome de meu Pai dão testemunho de mim. Mas vós não credes, porque não sois das minhas ovelhas. Estas ouvem a minha voz, eu as conheço, e elas me seguem. Dou-lhes a vida eterna, e jamais perecerão; e ninguém as arrancará da minha mão". (João 10:28).

> Se vós, sendo maus, sabeis dar boas coisas a vossos filhos, quanto mais vosso Pai, que está no céu, dará boas coisas aos que lhe pedirem! (Mateus 7:11).

Nesses três exemplos, Jesus promete algo aos seus ouvintes. Primeiro, a vida eterna para quem ouve sua palavra e crê em quem o enviou; segundo, novamente a vida eterna, não perecer e estar sob o cuidado do próprio Cristo; terceiro, a promessa de que o Pai ouvirá os filhos e lhes dará o que for pedido.

---

9 LOPES, Hernandes Dias. *João: as glórias do Filho de Deus* (São Paulo: Hagnos, 2015), p. 126 (Kindle).

188 Click sem bait

Quando Jesus compartilha a mensagem da salvação, ele faz promessas! Obviamente que, sendo uma pessoa da Trindade, o próprio Deus encarnado, elas hão de ser cumpridas, diferente das feitas por nós, humanos. As Escrituras testificam que nenhuma promessa do Redentor é vã.

De todo modo, esses versículos nos apontam outros dois princípios: é lícito fazer promessas, ou seja, afirmar um compromisso com relação à expectativa sobre algo. Ao apresentar um determinado produto ao nosso público, não há necessidade de fazermos apenas uma descrição técnica. Podemos dizer o que se pode esperar com aquilo que está sendo comprado.

Depois, essa promessa deve ser sincera e condizente com a realidade. Na mera tentativa de convencer seus interlocutores a entregarem suas vidas e seguir o mestre, Jesus poderia ter prometido poder, riqueza, fama ou qualquer mentira que tornasse a decisão do seu público favorável ao convite feito. Mas, se ele não faz isso, também não devemos fazer! As expectativas criadas precisam estar alinhadas com aquilo que o produto ou serviço vendido realmente consegue oferecer. Caso contrário, estaremos manipulando.

A explicitação das condições

Há um terceiro e último elemento que também merece a nossa atenção para a finalidade desta obra.

> Então Jesus disse aos discípulos: "Se alguém quiser vir após mim, negue-se a si mesmo, tome a sua cruz e siga-me. Pois quem quiser preservar sua vida, irá perdê-la; mas quem perder a vida por minha causa, este a preservará" (Mateus 16:24-25).

> Aproximou-se dele um jovem e lhe disse: Mestre, que farei de bom para ter a vida eterna? Ele lhe respondeu: Por que me perguntas sobre o que é bom? Somente um é bom; mas se queres entrar na vida, obedece aos mandamentos. Ele lhe perguntou: Quais? Jesus respondeu: Não matarás; não adulterarás; não furtarás; não darás falso testemunho; honra teu pai e tua mãe; e amarás o teu próximo como a ti mesmo. O jovem lhe disse: Tenho obedecido a tudo isso; que me falta ainda? Jesus respondeu: Se queres ser perfeito, vai, vende tudo o que tens e dá-o aos pobres; e terás um tesouro no céu; depois vem e segue-me (Mateus 19:16-21).

Jesus está oferecendo a melhor mensagem do mundo às pessoas que o ouvem, aquilo do qual todo e qualquer ser humano necessita: a saber, a confiança da sua salvação e a esperança da eternidade. Ainda que, hipoteticamente, omitisse algum detalhe, o evangelho lhes faria bem. Mesmo com um benefício tão magnífico, Jesus explicita as condições para que seus ouvintes recebam esses presentes.

Ao convidar os discípulos para segui-lo, ele deixa claro que é necessário negar a si e tomar a cruz de cada um. É necessário perder a vida para ganhá-la.

Ao comentar sobre esse versículo, Hendriksen faz uma paráfrase na tentativa de expressar a profundidade daquilo que Jesus diz:

> Fazendo justiça aos tempos dos verbos no original, o versículo 24 poderia ser assim parafraseado: 'Se alguém deseja ser (considerado como) um adepto meu, ele deve de uma vez por todas dar adeus a si mesmo, aceitar decisivamente a dor, a vergonha e a perseguição por amor de mim e de minha causa, e então seguir-me e continuar seguindo-me como meu discípulo.[10]

No outro texto, quando o jovem rico o questiona sobre o que deveria fazer, Cristo responde que, além de cumprir a lei, também deveria vender seus bens e dar aos pobres.

Provavelmente Jesus não esperava que todos aceitassem as condições, sobretudo no segundo caso. Ele poderia apenas ter dito: "Venha e siga-me"? Talvez. Mas fez questão de explicitar o que estava em jogo em vez de apelar para mero pragmatismo. Hendriksen também aponta para a sensibilidade de Jesus com relação a essa situação específica:

> A exigência que Jesus fizera a esse homem confuso era adequada às circunstâncias específicas e ao estado mental do jovem. O Senhor não pede a toda pessoa rica — por exemplo, Abraão (Gn 13.2) ou José de Arimateia (Mt 27.57) — que faça exatamente a mesma coisa. Há indivíduos opulentos que, falando em termos gerais, estão vivendo para si mesmos. O que contribuem para a causa de outros é totalmente ínfimo em relação com o que guardam para si mesmos. Não obstante, há outras pessoas ricas que estão dispostas a fazer o máximo esforço para ajudar os demais, inclusive mesmo aos que não são generosos (Gn 13.7-11; 14.14), e que, motivadas por gratidão, estão constantemente edificando altares e fazendo oferendas a Deus (Gn 12.8; 13.18; 15.10-12; 22.13).[11]

Ao reconhecer a necessidade do nosso público e fazer uma promessa, também precisamos deixar claro as limitações, as exigências, os termos, o que envolve o processo de compra — muitas vezes, isso não é tão atrativo do ponto de vista comercial. Mas é o certo.

Lembre-se: nosso objetivo enquanto cristãos não é vender a qualquer custo. A venda legítima e desejável, ainda que importante, não é um fim em si. Nosso papel é servir as pessoas e, para isso, precisamos ter o mais alto nível de sinceridade e transparência. Somente assim nosso público terá as condições mínimas para fazer escolhas cada vez mais conscientes e seguras.

---

10 HENDRIKSEN, William. *Comentário do Novo Testamento, exposição do Evangelho de Mateus*, vol. 2 (São Paulo: Cultura Cristã, 2001), p. 218.

11 Ibid., p. 317.

Conclusão: um longo caminho a ser trilhado

Apreciar os riscos e suposições
Manifestar brandura e mansidão
Assegurar acessibilidade
E preservar coragem em transição.

"Transição", de O Teatro Mágico

Em abril de 2022, fiz uma pesquisa informal nos stories do meu perfil no Instagram. Perguntei aos seguidores que trabalhavam no marketing, na comunicação ou em áreas afins se haviam cogitado ou até mesmo mudado de área de atuação. As respostas me chamaram a atenção, embora não tenham me surpreendido.

- "Muito difícil crescer nessa área."
- "Meu chefe era workaholic e eu estava ficando maluca."
- "Muita coisa errada entre clientes, agência e funcionários."
- "Trabalho cansativo, desgastante e com pouca valorização."
- "Não faz sentido gastar uma vida levando outros à futilidade do consumo inconsciente."
- "Excesso de trabalho, falta de reconhecimento que faz jus à responsabilidade e à cultura."
- "Me sentia um mercenário criando para marcas e pessoas que eu não acreditava."
- "Perdi a esperança de usar o marketing para suprir necessidades reais. Eu sempre era obrigado a despertar desejo nos consumidores pobres para enriquecer os meus clientes ricos."

- "A gente fica refém do trabalho quando atuamos com marketing."
- "Tinha dúvidas quanto à minha vocação."

Escrever este livro foi uma tentativa de resposta a essas crises. É claro que não sou pretensioso ao ponto de achar que algumas dezenas de páginas vão resolver todos os problemas do marketing para que seja coerente com a fé, os princípios e a visão de mundo cristãos.

Também estou ciente de que muitos desses dilemas estão além daquilo que cabe a um único profissional ou estudante. As práticas de trabalho de algumas agências ou as próprias dinâmicas difundidas no ecossistema do marketing muitas vezes são complicadas e nocivas, e temos pouco ou quase nenhum poder de influência sobre elas a depender da nossa posição.

No entanto, Kevin Vanhoozer, ao falar sobre a sabedoria canônica, diz que ela "é a habilidade de ver o mundo como Deus gostaria que o víssemos".[12] Tudo que você leu até aqui é para te auxiliar nesse sentido. Meu desejo é ajudar pessoas que estão nos mais diversos contextos, atuando diretamente ou não com o marketing, a enxergá-lo a partir de uma perspectiva cristã. Não para abandoná-lo, mas para continuar atuando e exercendo suas vocações. Às vezes, isso pode levar a caminhos alternativos nem sempre simples: uma mudança de emprego, de setor ou de clientes.

Mas quero desafiá-lo a realmente crer nessas convicções teológicas e levá-las a sério. Primeiro, o marketing é necessário e faz parte da realidade criada por Deus. É uma estrutura que não precisa ser abandonada, mas reorientada. Segundo, é possível se posicionar diante de situações comprometedoras ou incoerentes com nossa crença.

Estas páginas são apenas uma porta de entrada. Há uma série de outras questões a serem feitas: Como a sabedoria bíblica pode nos auxiliar a lidar com as mídias sociais? Como seria um modelo ideal de agência de comunicação a partir da ética cristã? Como a fé cristã pode nos auxiliar a enxergar as possibilidades e os desafios da *creator economy*?[13]

Assim, espero que possamos levar este desafio adiante: desaguar para outros aquilo que Deus, por meio do seu Espírito, tem nos ajudado a compreender. Minha oração é para que o senhorio de Cristo não seja apenas um clichê teológico, mas verdadeiramente vivido e experimentado em toda a Criação.

---

12 VANHOOZER, *O drama da doutrina*, p. 323.

13 A *creator economy* é um ecossistema que possibilita a profissionalização dos criadores de conteúdo, de modo que seus trabalhos se tornem rentáveis e sólidos.

Referências bibliográficas

AAKER, David. *On branding: 20 princípios que decidem o sucesso das marcas.* Tradução: Francisco Araújo da Costa. Porto Alegre: Bookman, 2015.

AJZENTAL, Alberto. "Uma história do pensamento em marketing". Tese (Doutorado em Administração de Empresas), Fundação Getúlio Vargas, São Paulo, 2008.

AQUINO, João Paulo Thomaz de. "Bem-aventurados os pobres e ai dos ricos: lendo Lucas 6.20 e 24 em contexto". *Fides Reformata*, São Paulo, v. 24, n. 1, p. 51-76, 2019. Disponível em: https://cpaj.mackenzie.br/wp-content/uploads/2021/03/Fides_v24_n1_4-Bem-Aventurados-os-Pobres-e-Ai-dos-Ricos-Lendo-Lucas-6_20-e-24-em-Contexto-Joao-Paulo-Aquino.pdf. Acesso em: 29 jul. 2022.

ARMSTRONG, Helen. *Teoria do design gráfico.* Tradução: Claudio Alves Marcondes (São Paulo: Ubu Editora, 2019).

BAUMAN, Zygmunt. *Vida para consumo: a transformação das pessoas em mercadoria.* Tradução: Carlos Alberto Medeiros (Rio de Janeiro: Zahar, 2008).

BAVINCK, Herman. *As maravilhas de Deus: instrução na religião cristã de acordo com a confissão reformada.* Tradução: David Brum Soares (São Paulo: Pilgrim Serviços e Aplicações; Rio de Janeiro: Thomas Nelson Brasil, 2021).

BERMAN, Alison E.; DORRIER, Jason; HILL, David J. "How to Think Exponentially and Better Predict the Future". *Singularity Hub*, 2016. Disponível em: https://singularityhub.com/2016/04/05/how-to-think-exponentially-and-better-predict-the-future. Acesso em: 27 nov. 2021

BRUCE, F. F. *Romanos: introdução e comentário.* Tradução: Odayr Olivetti (São Paulo: Vida Nova, 2006).

194 *Click sem bait*

CHATRAW, Joshua D.; PRIOR, Karen Swallon. *Engajamento cultural: um curso intensivo sobre questões contemporâneas e as diferentes perspectivas cristãs*. Tradução: Maurício Bezerra (Rio de Janeiro: Thomas Nelson Brasil, 2021).

CHAUVEL, Marie Agnes. *"A satisfação do consumidor no pensamento de marketing"*. XIII EnANPAD: Encontro da Associação Nacional de Pós-graduação e Pesquisa em Administração, Foz do Iguaçu (PR), 1999. Disponível em: <http://www.anpad.org.br/admin/pdf/enanpad1999-mkt-12.pdf>. Acesso em: 27 abr. 2022

CIALDINI, Robert B. *As armas da persuasão: como influenciar e não se deixar influenciar*. Tradução: Ivo Korytowski (Rio de Janeiro: Sextante, 2012).

COSTA, Hermisten Maia Pereira da. "O protestantismo e a palavra impressa: ensaios introdutórios". *Ciências da Religião, História e Sociedade*, vol. 6, n. 2, p. 123-45, 2008. Disponível em: <https://www.mackenzie.br/fileadmin/OLD/47/Editora/Ciencias_Religiao/Artigo5-6.2.pdf>. Acesso em: 02 ago. 2022

DAMÁSIO, António. *O Erro de Descartes: emoção, razão e o cérebro humano*. Tradução: Dora Vicente; Georgina Segurado (São Paulo: Companhia das Letras, 2012).

D'ANGELO, André. "A ética no marketing", *Revista de Administração Contemporânea*, Maringá (PR), vol. 7, n. 4, p. 55-75, out/dez, 2003. Disponível em: <https://doi.org/10.1590/S1415-65552003000400004>. Acesso em: 07 jan, 2022.

DOOYEWEERD, Herman. *Estado e soberania: ensaios sobre cristianismo e política*. Tradução: Leonardo Ramos; Lucas G. Freire e Guilherme de Carvalho (São Paulo: Vida Nova, 2014).

DOOYEWEERD, Herman. *Filosofia cristã e o sentido da história*. Tradução: Fabrício Tavares de Moraes (Brasília: Monergismo, 2020).

DOOYEWEERD, Herman. *No crepúsculo do pensamento ocidental: estudo sobre a pretensa autonomia do pensamento filosófico*. Tradução: Guilherme de Carvalho; Rodolfo Amorim de Souza (Brasília: Monergismo, 2018).

EDGAR, William. *Criados para criar: uma teologia bíblica da cultura*. Tradução: Josaías Cardoso Ribeiro Júnior (Brasília: Monergismo, 2022).

FRAME, John. *A doutrina da vida cristã.* Tradução: Jonathan Hack (São Paulo: Cultura Cristã, 2013).

GABRIEL, Martha; KISO, Rafael. *Marketing na era digital: conceitos, plataformas e estratégias* (São Paulo: Atlas, 2020).

GABRIEL, Martha. *Você, eu e os robôs: pequeno manual do mundo digital* (São Paulo: Atlas, 2019), p. 132

GLAS, Gerrit. "Antropologia filosófica cristã: uma perspectiva reformacional". *Associação Brasileira de Cristãos na Ciência*, 1 nov. 2018. Disponível em: <https://www.cristaosnaciencia.org.br/antropologia-filosofica-crista-uma-perspectiva-reformacional/>. Acesso em: 27 abr. 2022

GODIN, Seth. *Isso é Marketing: Para ser visto é preciso aprender a enxergar.* Tradução: Kathleen Miozzo (Rio de Janeiro: Alta Books, 2019).

GOHEEN, Michael W.; BARTHOLOMEW, CRAIG G. *Introdução à cosmovisão cristã: vivendo na intersecção entre a visão bíblica e a contemporânea.* Tradução: Márcio Loureiro Redondo (São Paulo: Vida Nova, 2016).

GOMES, Nelson Pinheiro (org.). "Tendências socioculturais: um mapa de macro e micro tendências [2020]". Laboratório de Gestão de Tendências e da Cultura, Faculdade de Letras da Universidade de Lisboa, 2020. Disponível em: <http://creativecultures.letras.ulisboa.pt/index.php/gtc-trends2020/>. Acesso em: 26 abr. 2022

GOUDZWAARD, Bob. *Capitalismo e Progresso: um diagnóstico da sociedade ocidental* Tradução: Leonardo Ramos (Viçosa: Ultimato, 2019).

HALL, David. W.; BURTON, Matthew D. *Calvino e o comércio: a influência transformadora do calvinismo na economia de mercado.* Tradução: Daniele Damiani (São Paulo: Cultura Cristã, 2017).

HAN, Byung-Chul, *No enxame: perspectivas no digital.* Tradução: Lucas Machado (Petrópolis: Vozes, 2018).

HENDRIKSEN, William. *Comentário do Novo Testamento, exposição de Efésios e exposição de Filipenses*, 2. ed. Tradução: Valter Graciano Martins (São Paulo: Cultura Cristã, 2004).

HENDRIKSEN, William. *Comentário do Novo Testamento, exposição do Evangelho de Mateus*, vol. 02. Tradução: Valter Graciano Martins (São Paulo: Cultura Cristã, 2001).

HOEKEMA, Anthony. *Criados à imagem de Deus.* Tradução: Heber Carlos de Campos (São Paulo: Cultura Cristã, 2018).

HORTON, Michael. *A lei da perfeita liberdade: os dez mandamentos.* Tradução: Denise Meister (São Paulo: Cultura Cristã, 2000).

KALSBEEK, L. *Contornos da filosofia cristã.* Tradução: Rodolfo Amorim de Souza (São Paulo: Cultura Cristã, 2015).

KELLER, Timothy; ALSDORF, Katherine Leary. *Como integrar fé e trabalho: nossa profissão a serviço do reino de Deus.* Tradução: Eulália Pacheco Kregness (São Paulo: Vida Nova, 2014).

KISTEMAKER, Simon J. *Comentário do Novo Testamento – Exposição de Atos dos Apóstolos* (São Paulo: Cultura Cristã, 2003).

196 *Click sem bait*

KOTLER, Philip; KARTAJAYA, Hermawan; SETIAWAN, Iwan. *Marketing 5.0: tecnologia para a humanidade.* Tradução: André Fontenelle (Rio de Janeiro: Sextante, 2021).

KOTLER, Philip; KELLER, Kevin Lane. *Administração em marketing.* Tradução: Sônia Midori Yamamoto (São Paulo: Pearson Education do Brasil, 2012).

KOYZIS, David. *Visões e ilusões políticas: uma análise e crítica cristã das ideologias contemporâneas*, 2. ed. ampliada e atualizada. Tradução: Lucas G. Freire; Leandro Bachega (São Paulo: Vida Nova, 2021).

LAMBERT, Heath. *Teologia do Aconselhamento bíblico.* Tradução: Airton Williams Vasconcelos Barbosa (Eusébio: Editora Peregrino, 2017).

LOPES, Hernandes Dias. *João: as glórias do Filho de Deus* (São Paulo: Hagnos, 2015), Edição Kindle.

LOPES, Hernandes Dias. *Mateus: Jesus, o rei dos reis* (São Paulo: Hagnos, 2019), Edição Kindle.

MACKAY, John L. *Comentários do Antigo Testamento – Jeremias*, vol. 2. Tradução: Vagner Barbosa (São Paulo: Cultura Cristã, 2018).

MARTINO, Luís Mauro Sá. *Teoria das mídias digitais: linguagens, ambientes e redes* (Petrópolis: Vozes, 2015).

MAUTNER, Thomas. *Dicionário de Filosofia.* Tradução: Victor Guerreiro; Sérgio Miranda; Desidério Murcho (Lisboa: Edições 70, 2011).

MCKINLEY, Deborah. "Soul Searching: The Religious and Spiritual Lives of American Teenagers by Christian Smith", Reformed Institute of Metropolitan, Washington, 2019. Disponível em: <https://reformedinstitute.org/wp content/uploads/2019/08/SoulSearchingMcKinley.pdf>. Acesso em: 29 jan. 2022.

MENGER, Carl. *Principles of Economics* (Auburn, Alabama: Ludwig von Mises Institute, 1976).

MIGUEL, Igor. *A escola do Messias: fundamentos bíblicos-canônicos para a vida intelectual cristã* (Rio de Janeiro: Thomas Nelson Brasil, 2021).

MUELLER, Adilson; DAMACENA, Cláudio; VAZ, Felipe Vidor. "Dissonância cognitiva e consumo sustentável: uma revisão sistemática da literatura". *Revista Gestão & Tecnologia*, Pedro Leopoldo, v. 18, n. 1, p. 171-196, jan./abr. 2018.

NEPOMUCENO, Carlos. *Administração 3.0: porque e como "uberizar" uma organização tradicional* (Rio de Janeiro: Alta Books, 2018), p. 35

NORMANHA FILHO, M. A. "Ética no marketing: ação isolada ou do negócio", *Revista de Estudos Universitários*, [S. l.], v. 30, n. 2, 2016. Disponível em: http://periodicos.uniso.br/ojs/index.php/reu/article/view/2832. Acesso em: 23 dez. 2021.

OSBORNE, Grant R. *Marcos*. Tradução: Susana Klassen (São Paulo: Vida Nova, 2019).

OUWENEEL, Willem. *Coração e alma: uma perspectiva cristã da psicologia*. Tradução: Afonso Teixeira Filho (São Paulo: Cultura Cristã, 2014).

PATER, Ruben. *Políticas do design*. Tradução: Antônio Xerxenesky (São Paulo: Ubu Editora, 2020).

ROOKMAAKER, H. R. *A arte moderna e a morte de uma cultura*. Tradução: Valéria Lamim Delgado Fernandes (Viçosa: Ultimato, 2015).

SANTOS, T.; LIMA, M. V. V.; BRUNETTA, D. F.; FABRIS, C.; SELEME, A. "O desenvolvimento do Marketing: uma perspectiva histórica", *Revista de Gestão*, v. 16, n. 1, art. 5, p. 89-102, 2009.

SCHUURMAN, Derek C. *Moldando um mundo digital: fé, cultura e tecnologia computacional*. Tradução: Leonardo Bruno Galdino (Brasília: Monergismo, 2019).

SILVA, Carla Simone Castro da. "A utilização de celebridades como estímulo discriminativo, sinalizando reforço informativo, no comportamento de compra de consumidores da construção civil, em Goiânia". Dissertação (Mestrado), Programa de Pós-Graduação Stricto Sensu em Psicologia, Pontifícia Universidade Católica de Goiás. Disponível em: https://oasisbr.ibict.br/vufind/Record/PUC_GO_6790101c3ff5a662b2e41dab425a67ff. Acesso em: 25 jan. 2023.

TONETTO, Leandro Miletto et al. "O papel das heurísticas no julgamento e na tomada de decisão sob incerteza". *Estudos de Psicologia*, v. 23, n. 2, p. 181-189, abr./jun. 2006. Disponível em: https://www.scielo.br/j/estpsi/a/RnbtvVjsY9wgn7FLpxcGGHh/?lang=pt. Acesso em: 24 jan. 2023.

TURNER, Steve. *Cristianismo criativo? Uma visão para o cristianismo e as artes*. Tradução: Valéria Lamim Delgado Fernandes (São Paulo: W4 Editora, 2006).

VANHOOZER, Kevin J. *O drama da doutrina: uma abordagem canônico-linguística da teologia cristã*. Tradução: Daniel de Oliveira (São Paulo: Vida Nova, 2016).

VERMEULEN, Erik P.M. "5 Reasons Why We Should Study and Embrace Artificial Intelligence!", *Hackernoon*, 2017. Disponível em: <https://hackernoon.com/5-reasons-why-we-should-study-and-embrace-artificial-intelligence-8ba31c4d0c7f>. Acesso em: 02 dez. 2021.

VOS, Geerhardus. *Teologia Bíblica – Antigo e Novo Testamentos*. Tradução: Alberto Almeida de Paula (São Paulo: Cultura Cristã, 2019).

WOLTERS, Albert M. *A criação restaurada: a base bíblica da cosmovisão reformada*. Tradução: Denise Meister (São Paulo: Cultura Cristã, 2019).

Sobre o autor

Kaiky Fernandez é um caipira pluralista metropolitano, torcedor do Goiás Esporte Clube e apaixonado por hamburguer. Graduou-se em design gráfico na Faculdade de Artes Visuais da Universidade Federal de Goiás, onde também conheceu Bruna, sua esposa. Após a graduação, fez um MBA em gestão de marketing e inteligência digital, pela ESPM Rio. A partir daí, começou suas pesquisas relacionando suas áreas de formação com a fé cristã.

Kaiky também tem formação livre em teologia pelo Invisible College, uma instituição que ajudou a conceber, e na qual atualmente é responsável pela gestão estratégica e de comunicação. É um dos pastores da Igreja Cristã Farol Esperança, e serve como professor convidado em algumas outras instituições, tratando de temas relacionados à mídia, cultura e arte. No tempo livre, gosta de pintar os muros da cidade, andar de bicicleta e encontrar os amigos.

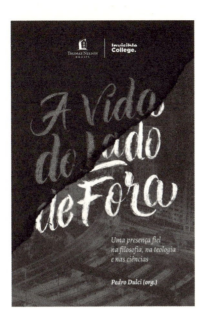

A vida do lado de fora

O que é a boa teologia? Mais do que ser alicerçada na verdade das Escrituras e na tradição cristã, a boa teologia deve ser contemporânea. Isso significa que o evangelho não precisa ser atualizado a fim de se adequar às demandas de cada época. Não. A teologia é contemporânea quando busca refletir sobre como antigas verdades da Palavra de Deus permanecem relevantes para nós hoje. E esse nós diz respeito a todos os cristãos, e não apenas a pastores, teólogos e líderes.

Este livro foi escrito por alguns pastores, mas também por designers, advogados, filósofos, educadores, psicólogos, arquitetos, especialistas em tecnologia, professores, historiadores, economistas... O que eles têm em comum? Todos professam a fé cristã, passaram pelos bancos virtuais do Invisible College, compartilham um mundo rodeado pelas mesmas ameaças à fé cristã e buscam confrontá-las com a verdade perene do evangelho. Nesses textos, selecionados por Pedro Dulci, os autores buscam tratam de temas dos mais tradicionais (doutrina, Trindade, revelação...) aos mais atuais (capital moral, justiça social, arte, cultura e até fake news) — em resumo fazem teologia. Pública, boa e contemporânea.

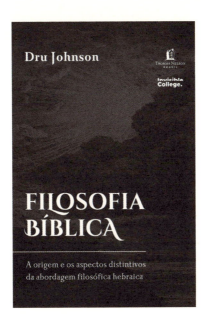

Filosofia bíblica

Em Filosofia bíblica, Dru Johnson examina como os textos das Escrituras dialogam filosoficamente tanto com os leitores antigos — público original desses textos — quanto com os leitores de hoje e demonstra como a literatura bíblica apresenta características de um estilo filosófico próprio em seu uso de estratégias literárias e filosóficas para refletir sobre a natureza da realidade e nosso papel dentro dela.

Johnson questiona as definições tradicionais de filosofia e compara o estilo hebraico de filosofar com os projetos intelectuais de Egito, Mesopotâmia e Grécia. Ao identificar as características próprias do estilo filosófico hebraico, Johnson traça o desenvolvimento do método hebraico de fazer filosofia — desde sua hibridização no judaísmo helênico até sua recuperação pelos autores do Novo Testamento — e mostra como os Evangelhos e as epístolas paulinas estão apresentam convicções filosóficas próprias do pensamento hebraico, mesmo permeados pelo estilo retórico helênico.

Filosofia bíblica é uma obra de referência em seu campo de estudo e oferece um modelo de reflexão sobre estilos em estudos comparados de filosofia.

Há **929 bolinhas** abaixo.

Até a data de impressão do livro, essa era a quantidade de aulas disponíveis no **Loop**, o Programa de Formação Personalizada do Invisible College. Tudo isso com uma única assinatura!

Acesse o QR Code e estude com a gente:

Este livro foi impresso pela Santa Marta, em 2023,
para a Thomas Nelson Brasil. O papel do miolo
é pólen natural 80 g/m², e o da capa, couchê 150 g/m².